品牌裂变兵法

周甸斌◎著

小企业快速崛起之道

中国纺织出版社有限公司

内 容 提 要

品牌裂变是一种多元化发展的品牌矩阵，目的是抢占新线市场。品牌裂变离不开对品牌的定位、推广、文案和故事，既是打造品牌价值的主干，也是实现品牌裂变的主体。对品牌性质有正确认识，几乎所有成功的品牌都是建立在主动实施品牌的创新与重构的基础上，在品牌裂变的过程中不可避免的需要运用一些高效工具，本书将品牌裂变细化成一项系统工程，从用户体验效果维度阐述品牌的创新与重构。

本书将品牌裂变的各个环节全部纳入进行详细阐述，理论支撑裂变操作，海量案例辅助理论解读，为希望更好地了解和实施品牌裂变的读者送来极具落地性的知识。

图书在版编目（CIP）数据

品牌裂变兵法 / 周甸斌著. ––北京：中国纺织出版社有限公司，2020.8

ISBN 978–7–5180–7600–0

Ⅰ. ①品… Ⅱ. ①周… Ⅲ. ①品牌营销 Ⅳ. ①F713.3

中国版本图书馆CIP数据核字（2020）第121240号

策划编辑：史 岩　　责任编辑：曹炳镝
责任校对：王蕙莹　　责任印制：储志伟

中国纺织出版社有限公司出版发行
地址：北京市朝阳区百子湾东里 A407 号楼　邮政编码：100124
销售电话：010–67004422　传真：010–87155801
http：//www.c–textilep.com
中国纺织出版社天猫旗舰店
官方微博 http://weibo.com/2119887771
三河市宏盛印务有限公司印刷　各地新华书店经销
2020 年 8 月第 1 版第 1 次印刷
开本：710×1000　1/16　印张：14
字数：164 千字　定价：48.00 元

前 言

为什么 99% 的品牌无法裂变

什么是品牌裂变?

你一定知道阿里系、腾讯系、百度系,这些形成了生态化,母系企业内部分支出多个独立经营上市的子系企业。

这就是持续进行品牌裂变的必然结果。每一次裂变,母系企业都会分离出一个或多个子品牌,这些子品牌既是竞争对手,也是协作关系,在竞合关系中将母系企业推向无上限高峰。如今,泛世界存在的超级生态型企业已经很好地诠释了品牌裂变对于企业强大无比的助力作用。

这种超级生态大鳄如同沧海一粟般存在,一般级别的生态型企业和平台型企业相对多一些,他们组成了世界经济的中流砥柱,向上冲击超级生态企业,向下压制无任何裂变的普通企业和传统企业。

但是,次级生态或平台企业对比企业总数仍是凤毛麟角,也就是说,无法实现生态化或平台化的企业占据所有领域的绝大多数。引领脸书实现超级生态化的马克·扎克伯格说过:"这个世界中99%的企业无法生态化。"

扎克伯格这句话的重点在于"企业"和"生态化",那么,为什么99%的企业无法生态化? 症结在哪里?

在此,我建议将"企业"和"生态化"对位换成"品牌"和"裂变",这句话就变成:这个世界中99%的品牌无法裂变。"品牌"和"裂变"就是企业无法生态化的原因。品牌能够持续裂变,意味着企业涉及领域在持续延展。

现在我们要来解决更为具体的问题：为什么99%的品牌无法裂变？

事实上，好的品牌一定有自我裂变的能力！因此，品牌裂变的本质，如何进行品牌裂变等问题就是本书要讨论的核心。毋庸置疑，关于品牌的书籍，市场上卷帙浩繁，这其中也有一些经典作品，但品牌裂变的好作品就难得一见了，本书就是对此类优质书籍的补充。

品牌裂变离不开对品牌的定位、推广、文案和故事，既是打造品牌价值的主干，也是实现品牌裂变的主体。

除这三点之外，还需要以下几项裂变工程。

注重品牌的创新与重构，所有成功的裂变都是建立在主动创新的基础之上，几乎所有的被动创新都被淘汰掉了。

对于品牌性质的正确认识，我们需要注意的是：不是品牌所在领域，在万物互联互通的时代，跨界已经成为常态，领域已经越发模糊，品牌的分类仅从小众、高端、普遍等区分即可。如果是小众品牌应如何快速裂变？如果是高端品牌应如何延展裂变？

一些成熟工具的运用同样不可忽视，但这恰恰被大多数企业所忽视了。品牌裂变是一项系统化的工程，离不开高效工具的辅助。

用户体验是检验品牌裂变各阶段效果的最佳方式，用户满意了，品牌才能持续裂变，否则一切运作都是失败的。

总之，品牌裂变是一种多元化发展的品牌矩阵，目的是抢占新线市场。上述若干措施环环相扣、相辅相成，其中某一环节缺失或实施效果不佳，品牌都不能有效裂变。这也是99%的品牌最终不能裂变的根源，其总会在某个环节处断开，最终导致全盘失败。

本书将上述各环节全部纳入，进行详细阐述，理论支撑裂变操作，案例辅助理论解读，为希望更好地了解和实施品牌裂变的读者送来最具落地性的知识。

目 录
CONTENT

第一章

重树品牌定位

　　品牌能立足于市场和消费者心里的根本在于能够精准定位，让品牌所代表的产品系在最快的时间内坚实扎根，茁壮成长。同时，定位也应不断与时俱进，随着市场前行规律，随时打破旧有定位，重树新式定位。

品牌精准定位

从品牌诞生的那天起，就代表着区别，需要通过对品牌的精准定位在用户心中留下"我就是我"的独特印象，如果你成了"别人的烟火"，甚至是"别人的影子"，谁还会记得你这个品牌呢？

"拼多多"成立不到三年，收获三亿用户，估值超千亿，成为中国顶级的互联网公司。

取得如此成绩的助力之一，就是品牌定位的精准。"拼多多"从诞生那天起，就将定位瞄准了中下游市场，主打集群式覆盖宣传和砍价式惊爆销售，在极短的时间内顺势而起，半年席卷全国中小城市电商市场。

既然品牌定位如此重要，是决定企业生死存亡的首要因素，我们就要明白究竟什么是品牌定位。

百度百科上的解释为："品牌定位是指企业在市场定位与产品定位的基础上，对品牌在文化取向与个性差异上的商业决策，它是建立一个与目标市场有关的品牌形象的过程与结果。"

该解释也表达了品牌定位的意义，即每个品牌都需要一个合适的市场位置，去展现品牌的个性与价值，让品牌在用户中抢占一个特殊的位置。因此，品牌定位的意义可以归纳为以下两点。

1.建立品牌形象、提高品牌价值

品牌定位从提出到具体应用必定建立在实际产品与用户关联的基础上，这个基础就是企业希望用户获得品牌的那些信息，以及用户从企业给出的信息中能够提炼出怎样的信息。

企业方：

（1）企业应将品牌的差异化传递出去。"与别人不同"是品牌的最大卖点之一，可以是功能上不同，品质上的不同，服务上的不同，外观上的不同，情怀上的不同，未来上的不同，总之要有不同。

（2）企业应针对用户的需求痛点传递信息。"爱着你的爱"才能为用户所爱，想用户之所想，急用户之所急，是做产品永远的宗旨。

用户方：

（1）用户愿意接受自己感兴趣的信息。品牌与用户最远的距离就是"你给的不是他/她想要的"，传递给用户的要是他/她感兴趣的，这样你的"柔情"才有处安放。

（2）用户排斥自己不习惯、不明白、不赞同的信息。谁都不想多花费时间去琢磨与自己无关紧要的东西，做品牌不要想着付出巨大成本去改变用户的习惯，而是要针对用户的习惯给予其明白的、直接的，让其只能赞同的信息。

2.有利于争取潜在用户

做品牌的目的是争取最大流量的用户，用户中势必包括特粉类型、新粉类型、试试看类型、先了解类型。其中后两者是潜在用户，感觉好了会转化留下，感觉不好就会转身离开。

用户的感觉首先来自品牌传递出的信息，其次是使用产品后的切身感受。但对于潜在用户而言，往往达不到使用产品阶段就选择离开了，因此如何争取潜在用户的转化，则是考验品牌传递信息的关键了。

当今是信息爆炸时代，每个人每天通过各种渠道被海量信息狂轰滥炸，用户面对浩繁信息早已产生了感知神经的麻木，对于信息的提炼度越来越低，有了一种"任凭风吹雨打，我自岿然不动"的状态。

但是这种状态都是被逼无奈的，因为每天涌来的信息量太大了，人脑只能接受有限的信息，其余的都将删除。那么，希望品牌信息留存于用户的大脑中，品牌定位下的信息压缩和精准宣传必不可少。

由此，正确的品牌定位可以让潜在用户对品牌产生正确的认识，进而产生有意识的偏好，它是品牌信息成功通向潜在用户心智的一条捷径。

为了能够正确进行品牌定位，必须了解品牌定位需要遵守的原则性（见图1-1）。

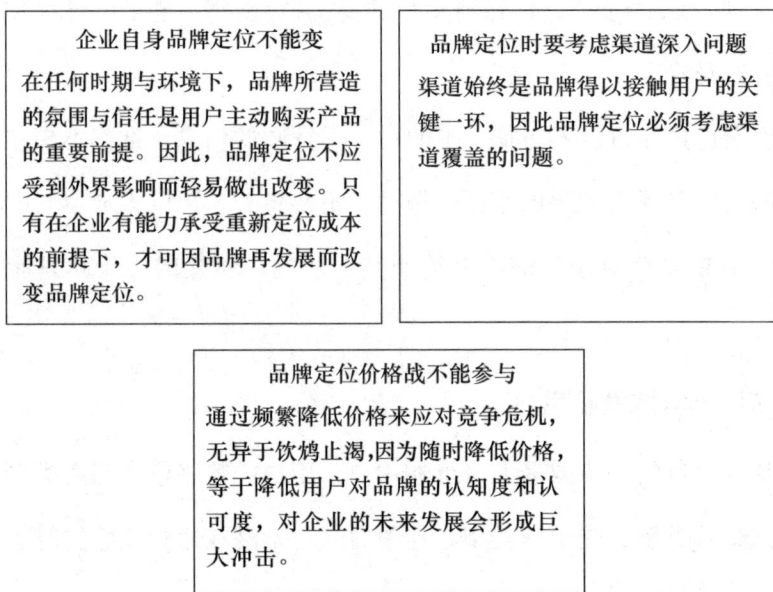

企业自身品牌定位不能变
在任何时期与环境下，品牌所营造的氛围与信任是用户主动购买产品的重要前提。因此，品牌定位不应受到外界影响而轻易做出改变。只有在企业有能力承受重新定位成本的前提下，才可因品牌再发展而改变品牌定位。

品牌定位时要考虑渠道深入问题
渠道始终是品牌得以接触用户的关键一环，因此品牌定位必须考虑渠道覆盖的问题。

品牌定位价格战不能参与
通过频繁降低价格来应对竞争危机，无异于饮鸩止渴，因为随时降低价格，等于降低用户对品牌的认知度和认可度，对企业的未来发展会形成巨大冲击。

图1-1 品牌定位的原则

抢占品牌卡位

多年前的一则消息令很多人感觉吃惊：有企业注册了"刘老根"品牌。后来，有一家更大型的企业也想要注册"刘老根"品牌名时，不得不花费数百万元从抢先注册的企业手中购入。

在当时来说，这种状况被称为抢先注册，但在当下商业环境，就是及时卡位的一种方式。通过抢注商标或品牌，占据有利位置，后来者想要分一杯羹，就要付出代价，甚至付出多大代价也没有用。

卡位就是在细分市场先抢占核心名称制定标准，让竞争对手无法复制或超越。典型的案例有：燕之屋注册的"碗燕"品牌（即食燕窝）；青海春天注册的"极草"品牌，冬虫夏草纯粉片（冬虫夏草含着吃）。

为什么说这两个品牌是卡位呢？在"碗燕"之前没有打开即食的燕窝，"碗燕"是第一个，"极草"也是一样，让冬虫夏草有了另一种吃法。也就是说，在燕窝的即食细分市场和冬虫夏草的含着吃的细分市场，"碗燕"和"极草"最先占位，也占到了最好的位置，它们阻止不了后来者的涌入，但可以凭借极佳的身位让自己一直处于竞争的有利地位。

市场不是无限膨胀的，而是有限的，谁先抢占，无疑谁将分得最大的利益。这就是卡位的重要性，占据最好最重要的位置，就是防止竞争对手复制和超越的最好方式。竞争对手当然不会因为有品牌已经占位而自愿放弃，加入竞争是一定的，但最佳的位置已经被占，想要外道超车何其不易。在竞争激烈，每个品牌都奋不顾身向前冲的状况下，真正能够复制"先觉者"战绩的"后来者"品牌非常少，能够实现超越的"后来者"品牌可以用凤毛麟角形容。不是"后来者"一定不如"先觉者"优秀，就是因为差了一个半个身位，就形成了天堑般的距离，不仅难以追赶，甚至被越拉越远。

以上是对卡位重要性的阐述，下面来说说卡位过程中最重要的事情。

我们已经知道，抢先卡位是品牌得以凸显的重要方法之一，也知道卡住最重要的位置和通道，可以有效阻控竞争对手的发展。那么，卡位中的关键点有哪些呢？

1.品牌名卡位

品牌卡位必须从名字开始，好的品牌名可以让人口口相传，达到品牌自我裂变的效果。好的品牌名需要体现社交化、形象化、概念性、联想性的特点。

对于中小企业或个人品牌来说，品牌名字的格式可以是：称呼＋产品名。如三农品牌老郭人参、老郭大枣等。

对于大型企业来说，品牌名最关键的核心在于是否能与一个词画等号，如怕上火喝……消费者只要具有相关痛点（最近上火、心情不好等），就会想到喝王老吉。如果品牌能够具有一个词汇的"专属拥有权"，就能摆脱同质化市场，更好地完成销售。

2.商标布局

品牌越做越大，商标布局就显得越发重要，若不提早考虑全面，后期会有很多麻烦。京东是世界500强企业，"京东"的招牌也越来越亮。

京东LOGO从诞生至今已经数次进行版本升级，每一次商标策略升级都是为用户需求、为消费者考虑去改变。

京东在升级商标的过程中，也完成了对商标的布局，涉及的商标超过一万多件。多维度的商标保护布局体现了京东的商业远见性，这也是京东为什么能够迅速发展的必不可少的因素之一。

多维度布局商标的目的之一就是将商业主动权抓在自己手中，形成系统性的知识产权保护。当企业做大后，未来有可能涉及的商标若不掌控在企业旗下，就会受到外界因素的牵制。京东的商标布局过程中就出现了这样的状况，比如差点失去第35类商标。

第35类商标包括：广告、电子商务、实业经营、实业管理、办公事务。作为一家电商平台，持续发展的基础之一就是拥有第35类商标。但在很长一段时间里，京东一直无法注册第35类商标，原因是"京东"第35类商标在2001年就已经被其他企业注册了。但因为该企业连续三年并未使用过"京东"商标，京东在2011年对这个商标提出撤销申请，最终北京市高级人民法院做出终审判决：复审商标予以撤销。

像京东这样最终能够较为顺利地得到心仪"商标"的情况，在现实中并不多，多数都在被其他企业抢注的情况下，需要花费高额代价。

可见，想要企业发展良好，所属行业的商标类型是必不可少的，不然必被掣肘。尤其是想做一家上市公司，想让品牌能持续发展，一定要高度重视商标这一块的布局。因此，做企业的前提之一，就是要把商标注册好或者通过购买拥有自己的商标，再通过合法手段保护好自己的品牌商标。

品牌差异化定位

卡位是让品牌抢先卡住市场身位，错位就是针对不同人群进行差异化品牌定位。之所以强调差异化，是为了避免品牌同质化。

如今，品牌同质化不仅是全国营销通病，也是世界性营销通病。无论走进商场超市，还是打开手机、计算机，消费者要面对的都是面貌雷同的品牌。

纸尿裤都在说"易吸收""不过敏""防侧漏"；

奶制品都在打"奶源地""高营养""低脂肪"；

房地产都在用"高性价比""高满意率""高投资回报"；

……

显然，中国的企业已经意识到了品牌同质化对于经营的不利了，极力要改变这种状况。但无论是市场上谈论品牌同质化的书籍，还是解决品牌同质化的实操，都未能真正为改变这种现状提供切实的帮助，原因在于对品牌同质化的认知误区。现在就来重新思考、重新认知"品牌同质化"。

美国著名经济学家约瑟夫·熊彼特曾说："利润来自于创新。"简单的一句话概括了怎样才能创造利润，那就是创新。而创新的本质是创造差异。

虽然所有领域都在承受同质化问题，但仍有一些品牌在同质化中活了下来，还活得很好。例如，中国乳制品巨头——特仑苏、金典、蒙牛、伊利等，它们是各自细分市场的"话事人"，瓜分了大部分市场份额。也就是说，在品牌同质化活得滋润的企业几乎都是开创者和快速跟进者。他们经过了早期的厮杀，快速瓜分了市场份额，当市场接近饱和时，竞争反而是他们共同加固护城河的过程。

新晋品牌想要杀入红海，只有在市场未完全饱和的情况下解决温饱问题，但仍然会随时面临饿死的危险。因此，想要在本就拥挤的市场创造一个品牌，唯一的机会就是创造差异化。即产品可以同质化，但品牌一定要差异化。

在讨论建立品牌差异化之前，先要了解导致品牌同质化的四个错误理论（见图1-2）。

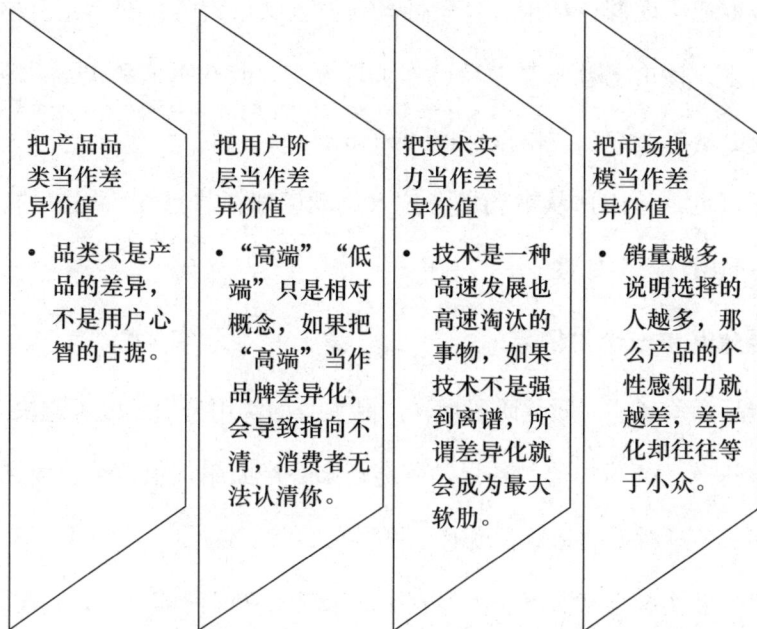

把产品品类当作差异价值	把用户阶层当作差异价值	把技术实力当作差异价值	把市场规模当作差异价值
• 品类只是产品的差异，不是用户心智的占据。	• "高端""低端"只是相对概念，如果把"高端"当作品牌差异化，会导致指向不清，消费者无法认清你。	• 技术是一种高速发展也高速淘汰的事物，如果技术不是强到离谱，所谓差异化就会成为最大软肋。	• 销量越多，说明选择的人越多，那么产品的个性感知力就越差，差异化却往往等于小众。

图 1-2　品牌同质化的四个理论

下面，讨论如何打破品牌同质化，通常有三种方法，可看作是对"价值点"的三次重新打磨。

1.具象一个产品价值点

提高产品的卖点，好像都是抽象的，只存在宣传词中，如耐用、智能化、口味更好、高稳定性等，这样的卖点宣传并未让消费者清晰地感知到。品牌的价值卖点之所以能打动消费者，不是让消费者去思考，而是让消费者深刻地感知到。思考是调动大脑的理性应对，感知是调动大脑的感性应对。而品牌差异化价值，必须让用户可感知，如果用户在关注你的品牌，三秒钟内没能唤起他继续关注甚至是消费欲望，这个用户就会流失掉。

美国一家搅拌机企业在宣传产品卖点时，也用了"耐用""搅拌力强悍"等常规形式，但为了突出差异化也用了非常规形式。市场总监将一把弹珠放进搅拌机里，弹珠在搅拌机里剧烈蹦跳，15秒后搅拌机停止工作，打开盖子，弹珠已经变成一团彩色粉末。这段视频被放上网后大受欢迎，还引起了各色模仿。后来，该市场总监又先后搅碎了打火机、游戏手柄和iPhone等。该系列视频点击量超过3亿，搅拌机订单涨了6倍。

由此可见，将用户从被动思考拉入主动感知，并且放大用户的感知度，产品必将同用户产生黏性。

2.强化其中一个价值点

当产品竞争到了同质化阶段后，产品本身的实用价值已经不起决定作用，此时应该拼产品的附加值。如果品牌能把某个产品附加值放大，大到超过用户的预期，超过对手的想象，就有了更强大的竞争力。

很多人喜欢逛宜家，不仅因为宜家的家具走在时尚前端，并且组装方便，而且宜家的产品展示区非常高颜值，不少人仅仅是因为喜欢宜家布置的风格才一遍遍去逛。当然，宜家还有"撒手锏"，就是宜家餐厅，点餐高效，餐食美味，价格实惠，不知道有多少人主要是为了去宜家用餐顺便买点小摆设。

如果我告诉你宜家餐厅已经做到了世界第六，你会做如何感想？我再告诉你，仅是招牌菜瑞典肉丸和冰激凌的营业额一年就超过10亿元，你又会做如何感想？

产品附加值怎么找？要通过仔细观察消费者消费的全过程，看看哪些方面使消费者不舒服，就从这些不舒服入手，凭借自身资源把"不舒服"变得

"舒服"，附加值就出来了。"海底捞"如此大受欢迎，餐食已经沦为配角，服务才是主角，做到了饮食行业服务让消费者绝对舒服。当年海尔能够胜出，就在于是第一个提出"管维修"。

3.虚构一个新的价值点

不是所有的价值点都一定是实际中存在的，还可以从不存在中虚构出价值点，虚构的价值点要紧贴消费者需求，并且不违反法律。

你还记得是从什么时候开始，"考试专用笔"成为学生必备的文具品类吗？一切都开始于晨光文具推出的第一款"考试专用笔"。

书写用的工具笔并没有太高的技术门槛，同质化很强，又赶上了无纸化时代，用笔的群体急剧减少，只剩下必须用笔的学生，那么打破同质化的文具就要从学生身上做起。对学生来说，最关键的是考试，于是"考试专用笔"诞生了。其实，这是一个收智商税的产品命名，什么笔不能用于考试呢！但就是这样的差异化，让晨光书写笔的市场销量直接提升了30%。是消费者真的被"考试专用笔"忽悠住了吗？其实不是，只是考试非常重要，对于重要的事情人们总是喜欢拿出严肃认真的态度，所以买一款标明了"考试专用"的笔，是对考试这件事的一种重视。

因此，晨光利用了人的心态做了一次文章，为原本同质化的产品找到了一个极具差异化的价值点。当你在抱怨自己家的产品没有差异性时，不妨去"务虚"，找一下产品有没有可能被赋予某种新的意义。

为用户呈现独有的品牌精髓

20世纪50年代初，美国经济学专家罗瑟·里夫斯提出"USP"理论，要求品牌向消费者给出一个"独特的销售主张"。其特点是必须向受众陈述产品的特点，同时这个特点必须是独特的、必须能够引起销售。

独特的销售主张创意发掘一个品牌的核心，并通过强有力的说服去证明它的独特点，使之成为一个不可抗拒的品牌。独特的销售主张创意又称为达彼思创意，由此引出达彼思模型，该模型对品牌做了由表及里的归纳总结（见图1-3）。

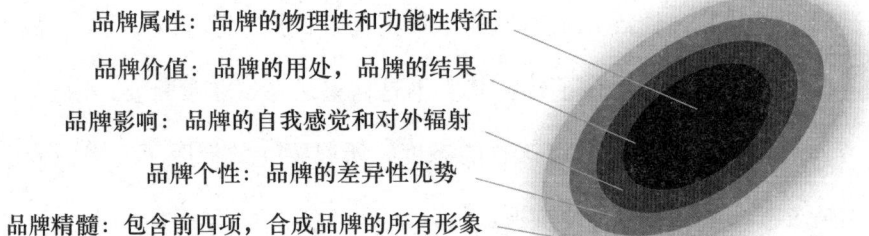

品牌属性：品牌的物理性和功能性特征
品牌价值：品牌的用处，品牌的结果
品牌影响：品牌的自我感觉和对外辐射
品牌个性：品牌的差异性优势
品牌精髓：包含前四项，合成品牌的所有形象

图 1-3　达彼思模型

为了更好地将USP理论和达彼思模型进行结合，使之能更全面深入地协助品牌呈现自身独有的消费主张，在实际运用时必须注意USP理论的三个特征和达彼思模型的两个要素（见图1-4）。

USP理论的特征	达彼思模型的要素
每个品牌都必须对消费者有一个销售的主张，强调品牌的具体功能和利益。	关联性——各层彼此间互相关联，有什么样的品牌个性，就会带出什么样的品牌影响与品牌价值。
该主张必须是竞争品牌没有提出来或是无法提出来的，即必须独特且具有唯一性的。	区隔度——从品牌个性、品牌影响、品牌价值中挖掘，正在确立的点和竞争品牌的点之间的区隔度。
该主张必须是强有力的，能够吸引海量消费者的注意力，并采取购买行动。	

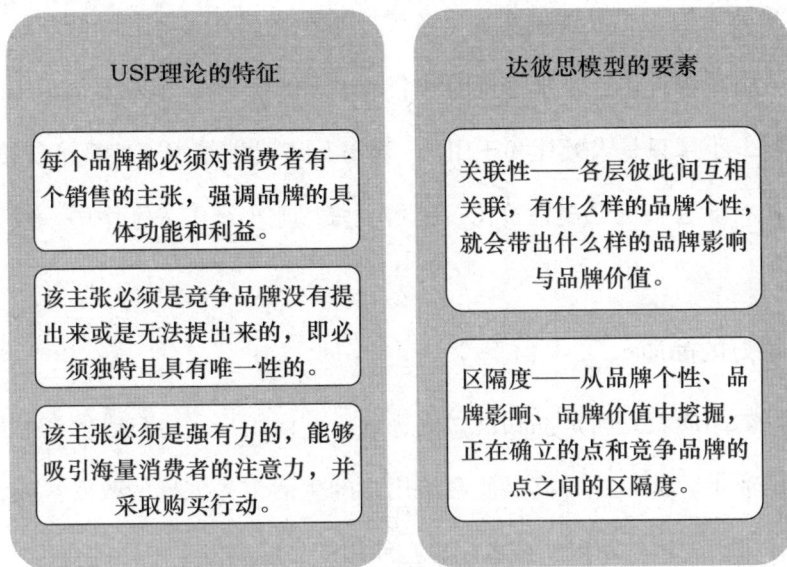

图 1-4　USP 理论的特征

找出品牌独特的销售主张，然后以足够强大的声音传播出去。简单地说，就是品牌要构建自己独特的USP，向目标用户表达独特的主张，然后让无限可能性成为现实。

1.最低的价格

需要强调一点，最低的价格不是要打"价格战"，而是品牌试图通过将自己定位为"低价领袖"而获得成功。沃尔玛从一个籍籍无名的小零售商晋级为世界最大的零售集团，其成功的秘诀就是走薄利多销的路线，让自己售出的品牌成为物美价廉的代名词。沃尔玛成功了，至今欧美市场的消费者提起，依然觉得沃尔玛的商品是性价比最高的。在沃尔玛成功的路上一直有模仿者，希望取代沃尔玛成为新的"低价领袖"，但时至今日沃尔玛的"领袖地位"仍然没被夺走，原因是什么？就是因为物美价廉并不是所有品牌都适合，只有在各类成本都优越于其他品牌时，并且愿意将利润点放到最低限度，才能成为"低价领袖"。

小米公司的手机品牌就实现了各类成本最优，并且愿意降低利润点，小米创始人雷军曾许诺：小米手机的利润率永远低于5%。但不要认为小米手机功能不行，小米只是大幅让利于用户，才让同等功能情况下实现了价格最低。正是手机行业独特的"高性价比"销售主张，让小米杀入了中国一线手机品牌行列。

2.最好的品质

最好的品质就是将产品功能做到极致，并向用户宣告自己的产品具有同类最好的质量，而且这种高品质会给用户的生活带去怎样的改变？或者给用户的工作带去怎样的帮助？或者用户在使用产品后会发生怎样的变化？

苹果手机一度是功能质量最好的手机品牌，虽然价格高昂，但也货真价实。苹果也毫不谦虚，将旗下产品的高质量作为品牌独特的消费主张。从iPhone 3开始，iPhone 4，iPhone 5都曾经独领风骚，因为它不仅颠覆了人们对手机的印象，还颠覆了人类的生活，开启了移动互联时代。不仅是苹果手机，iPad也刷新了大众对移动计算机的概念。最好的品质是苹果公司的宣传，更是用户的切身体验。

3.最新的功能

"人无我有，人有我快，人快我新"。这十二个字涵盖了商业竞争的核心，当竞争对手也快速加入争夺后，批量上新是甩开对手的唯一方式。为什么要批量上新？一种新功能是很容易耗光用户的好奇心，也很容易让对手模仿，但成批的新功能会持续刺激用户，会打乱对手的模仿顺序，为自己的产品赢得下一批上新的时间。

腾讯依靠庞大的QQ用户给微信引流，到2011年5月，微信用户达到400万，但增速明显放缓。微信上新"对讲机"功能，使近乎停滞的业务回暖，又在短时间内增加了"寻找附近的人""摇一摇""漂流瓶"等功能，一步步刺激用户数量增长。而且，这些彼此相关的功能将微信的适用范围从熟人推广到陌生人，进一步发挥了手机的移动特性。

4.最广泛覆盖

如果企业能让自己的产品有巨大的覆盖面，这本身就是独特的消费主张，可以向用户通告：我的品牌几乎涵盖了所有产品，或者任何产品都能融入我的品牌中，或者用户想要任何商品都可以到我的品牌处获得满足。还会有用户表示拒绝吗？显然不会，因为用户需要某些商品就会先想到这个品牌。

在传统经济时代，这种广泛覆盖的品牌是不存在的，但在互联网时代，这种品牌成为了现实。比如，淘宝网，就是一个想要任何东西都可以"到此一游"的平台。只有你想不到的，没有淘宝上没有的（必须合法），"给用户最广泛的选择"就是淘宝的宗旨。

5.最独家提供

"我给用户提供的，是用户所需的，并且只此一家。"如果有品牌能在宣传时自信地说出这一点，距离被用户认可就是零距离了。因为用户从其他品牌那里无法彻底满足欲望和需求，就必须对能满足自己的品牌产生依赖。

因为给用户提供了只有唯品会才能满足的消费欲望，因此唯品会成功了。很多用户想买名牌商品，但限于价格原因总难达成心愿。彼时"唯品会特卖会"出现了，用户发现原来这家平台可以给自己提供"名牌＋保障＋价廉"的商品，当然要经常光顾。

其实，唯品会不是没有过对手，曾经的聚尚网创立得更早，也是品牌入驻策略，但在经营中商业模式摇摆不定，一直徘徊于一线品牌和二线品牌之间，最终没能拉高重复购买率，从而导致失败。

由此可见，虽然聚尚成立得更早，也最先给用户提供了购买品牌商品的机会，但未能更深地挖掘用户需求，也没能及时满足用户的关键需求，将独家权拱手相让。虽然唯品会如今已经不是独家链接二线品牌的限时特卖网站，但已经成为行业龙头，可以站在最高的位置上继续享受另类的"独家权"。

构建品牌符号的五大路径

品牌符号是区别产品或服务的基本手段，包括名称、标志、基本色、口号、象征物、代言人、包装、海报等。这些识别元素形成一个有机结构，对消费者施加影响。成功的品牌符号是企业的重要资产，在品牌运用过程中发挥巨大的作用。

品牌符号能通过哪些方法帮助消费者简化对品牌的判断呢？通常情况下有五种路径，也是利用人类的五大感官，分别是视觉、听觉、嗅觉、味觉、触觉。

1.视觉路径

视觉符号是品牌符号中最为常见，也是效果最显著的，因为视觉对于消费者的购买决策的影响是最大的，因此大多数品牌都将视觉作为符号构建的第一常态。

好的品牌符号设计者懂得将品牌的差异性优势通过色彩、图形、绘制等视觉元素表现出来。而且，品牌符号的确立是一个长久的过程，视觉符号更是如此，因此不可以经常变化，找准一项视觉元素，就应该从内而外，从开始到现在，一直坚定不移。

比如，抖音APP的黑色主体标志颜色，与白色的音乐符号图形形成鲜明对比，将"♪"形状最清晰地表达出来。黑色是厚重、严肃的象征，寓意抖音内容是具有深度的；白色是靓颜、清新的表现，体现了抖音内容的轻松化、生活化。点击进入抖音，也是黑色背景为主，内容在背景的衬托下瞬间跃入用户眼帘。

再如，豆瓣APP的绿色主体标志颜色，一眼看上去非常养眼，很符合一颗小小的"豆瓣"需要绿色土壤的寓意。这颗豆瓣也的确长势很好，早已成为同类网站的翘楚。

2.听觉途径

做广告是品牌宣传的好方式，而广告能给人留下深刻印象的元素有代言人、整体风格、内容呈现和音乐旋律。前三种都需要"看"，最后一种靠"听"。虽然看广告是最常规的表现形式，但如果没时间看，就可以用下意识听的方式，用近乎"魔性"的音乐将品牌植入消费者内心。

曾经有过"告诉我你认为的最魔性广告"的随机街访，脑白金广告榜上有名，那句"今年过年不收礼，收礼只收脑白金"成为一个时代记忆之一。旋律并不动听，辞藻并不华丽，但只要一听到消费者就知道是脑白金的广告。再加上一对更魔性的老年人动漫形象，消费者对脑白金则想忘也忘不掉了。

3.嗅觉途径

你是否有过，某一种味道令你久久无法忘记，不管什么时候那种熟悉的味道飘过来，都是一下子唤醒记忆？我有过，至今有一种香水的味道，只要闻到都会心生激动，感慨万千。

曾有研究表明，味道是人类所有对外感知途径中记忆效果最深的。也就是说你可以忘记看到的，忘记听到的，忘记吃到的，但不会忘记闻到的。正因如此，优秀的品牌宣传策略中不会少了嗅觉途径，尤其是在借助味觉取胜的品牌中。比如，嗅觉符号在香水行业的广泛运用。香奈儿的香水就有独属于它的香味，用户一闻到这个味道，就能知道它是香奈儿。当企业能让用户将品牌与一种独特的气味建立起关联，无疑就成功了。

4.触觉途径

体验经济成为营销的主要方式，任何品牌都希望消费者能够实际感受一下，并借助对感受的认可度来认可产品。曾经是商场买衣服，摸摸面料是必须的，好的面料一定有好的手感。如今虽然网购盛行，但用户收到商品也一样要摸一摸，看看面料是否符合品牌宣传。可见，懂得利用触觉打造品牌符号，对于提升品牌认识和了解品牌差异化有很大帮助。

我对苹果无线耳机的第一印象来自触摸，充电外壳的手感甚至让我产生了一种迷恋，一种很温润又很棉嫩的感觉，令我难以释手。在手感之于，才有闲情去了解耳机的功能和品质，一切都满意，但手感还是最令我着迷的。

5.味觉途径

小时候吃过一种饼干，名字忘记了，因为形似手指便将其称为"手指头饼干"，每次吃的时候都细细品味。时至今日，为了找回那种已经模糊的味道，我曾买过很多款类似的饼干，但都宣告失败，最终只得"痛苦"地接受"手指头饼干确实没得卖"的事实。

这就是通过味觉构建品牌符号，凡是入口的东西都与味觉逃脱不了关系。咖啡、茶叶、饼干、红酒、烤鸭都有自己独特的味道。而且每个细分的品类也有独特的味道，铁观音和碧螺春是两种味道，干红和半干红是两种味道。

每一个深入人心的食品品牌都有属于自己的味觉符号，比如被身在国外的国人奉为"精神支柱"的老干妈，它的味道是没法模仿的；康师傅红烧牛肉面的广告诉求点是"就是这个味儿"，至于是哪个味，吃了才知道；全聚德的烤鸭风行京城大地几百年，鸭子肉、鸭子皮、鸭子骨架，各部位都有专属吃法，整体合成了全聚德烤鸭的经典味道。

锁定用户心理

1972年，美国营销大师艾·里斯和杰克·特劳特提出了"定位"观念，指出"营销是一场心智的战争"和"消费者心智才是建立品牌的终极战场"。

通常情况下，品牌打造需要经历工厂、市场和心智三个环节，心智是终极目的地，具有决定性意义。企业在经过创业阶段以后，基本都能解决工厂环节（生产效率和生产质量）和市场销售环节（进入市场和营销管理）。但随着产品生产种类增多，资讯爆炸，品牌进入消费者心智成了最难的一关。很多企业的产品从工厂生产出来，也投入了市场，但始终无法进入消费者心智，最终也无法成为真正受消费者欢迎的长久品牌。

那么，品牌应如何作用于消费者心智呢？需要从人类心智的普遍性谈起。1956年，美国认知心理学先驱乔治·米勒在对消费者心智做了大量实验研究之后，提出了著名的"7法则"：即人的心智是有限的，只能记忆有限的信息，为了方便记忆，人们通常把信息进行分类存储，但每个类别通常难以记忆7个以上的信息。

消费者也同样会将品牌信息进行分类，如运动品牌、汽车品牌、奢侈品品牌、饮料品牌等。在消费者的记忆范围内，每个分类中只能记住几个，而决定消费者购买决策的往往是自己对品牌的记忆程度，这种记忆程度也是对心智的占领程度。

消费者在消费决策的过程中，往往先界定想要消费的品类，然后以品牌替代该品类表述自己的消费欲望。比如，某消费者想买一罐饮料，首先要面临买哪一类饮料，是绿茶、功能饮料、纯净水？当决定了要购买的品类后，说出的是代表该品类的品牌，如一瓶康师傅，一瓶红牛，一瓶依云。

因此，消费者用品类来思考，用品牌来表达。但这种呈现方式会给企业营销带来错觉，认为消费者只关注品牌，但实际上除非品牌是新品类的第一第二，否则品牌很难进入目标消费者心智。其实，成功品牌的战略共性是做品类的代表，也就是说企业不是在打造品牌，而是利用分化创建品类，新品类的成长与扩张让品牌得以发展。

但是，新品类的成长目的还是要抢占第一第二，准确地说是抢占第一，才能最大限度地锁定消费者心智，也是对品牌发展最大的助益。曾经百度创始人李彦宏对品牌总监说："我们不需要谈品牌，我们的目标只有一个，做中文搜索第一。"

58同城与赶集网在"上古时代"的竞争就是谁做第一，谁抢占用户心智成功的范例。曾经很多人认为赶集网会最终胜出，一度赶集网也确实压过58同城，但在决胜最关键的阶段，赶集网创始人手软了，没有在广告层面彻底击溃58同城，结果被反扑了，赶集网最终被58同城收购。

后来赶集网创始人二度创业杀入二手车电商，一开始就是一波10亿元量级广告战，敲醒沉睡已久的二手车市场。这是血泪史总结出的教训，必须在广告上一次性彻底击毙竞争对手，不给对方任何喘息的机会，才能牢牢把握市场主导地位，也就能彻底锁定消费者心智。

于是，现在铺天盖地的"瓜子二手车，成交量遥遥领先"，告诉消费者：在这个市场，瓜子就是老大，异常强劲地占据了消费者心智。

现在谁来二手车电商竞争，恐怕是没有机会了，毕竟瓜子已经把自己的行业领导者的定位深深刻进了消费者心智中。

总之，打通消费者的心智窗口，让你的品牌占据消费者的心智，你就赢了。就像人一样，一个人有怎样的个性，那就是你的标签，将标签扩大化，就是一个人的logo。品牌也要有自己的个性，让消费者能在第一时间想到的个性，然后尽可能地扩展，让更多消费者看到并接受品牌的个性，时间久了，品牌就会牢固占据消费者心智。

将产品转化为"瘾品"

品牌是能够帮助消费者获取自我满足的唯一线索，其本质是呈现和释放，其作用是区别和引导。

当品牌的力量相对薄弱时：本质只限于呈现，告诉消费者："这些本品牌的产品"；作用仅限于区别，告诉消费者："本品牌产品与其他同类品牌产品的区别是……"

但品牌的力量非常强大时：本质上升为释放，让消费者自发认可本产品；作用也升级为引导，品牌名字可以坚定消费者的消费行为。

品牌力量是否强大，根本在于消费者对品牌的迷恋程度，轻度迷恋来自于眼，看见就想得到；中度迷恋来自于心，想到就想得到；重度迷恋来自于无意识，总是想要得到。当消费者与品牌之间形成了无意识链接状态，说明消费者对品牌已经上瘾，商品之于消费者成功转化为"瘾品"。

那么，如何才能让消费者对品牌重度迷恋，直至疯狂追逐呢？本节将从几个方面为大家解读：品牌之所以能让消费者上瘾的原因。

1. 制造最简单的快乐

为什么我们会对某种东西或状况上瘾？比如，下午三点习惯性地喝卡布奇诺，下班后不自觉地刷抖音，周末总是睡到自然醒……

其实就是为了快乐，而且是最简单、最纯粹的快乐。

这些"瘾品"会刺激人脑，释放出令人感到快乐的多巴胺。但多巴胺的分泌是无持续性的，一段时间就回归正常水平。而且多巴胺的效应是无上限的，就是多多益善。这时，人们会为了维持快乐的感觉采取进一步行动，选择一而再、再而三地进行令自己快乐的行为，从而让自己上瘾。

人们永远奔跑在满足快乐的路上。要想让你的品牌成为消费者乐此不疲的追逐对象，就要将快乐深植于品牌中，记住：让你的产品带给消费者无法挣脱的快乐。

抖音的快速崛起，就是源于它能带给用户持续不断的快乐。用户感觉非常快乐，就会要继续看；用户感觉某个账号的内容很棒，就会继续关注；用户在快乐中获得了额外收获，会更加积极地参与下去……

因此，抖音的品牌营销策略中，核心是让用户先在快乐的感觉中上瘾，进而对抖音产品上瘾，最终对抖音全系上瘾。

2.及时的反馈

游戏总是能令人上瘾，不论哪类游戏，都有它忠实的拥护者。游戏让人上瘾的关键因素在于及时反馈，即用户在游戏中的每一个动作都能够得到最及时的反馈，动作正确了是怎样的情况，错误了是怎样的情况。动作相当于游戏与用户建立的线索关系，反馈就是游戏给予用户的反馈，在不断的重复之下，线索与奖赏之间建立起紧密的强关联，以至于用户想要开心的时候，就会想着"再来一把"，上瘾就这样形成了。

及时反馈就是让人获得即时满足，而非延迟满足。虽然延迟满足所能获得的满足感往往更大，但因为存在不确定性，谁也不知道延迟满足的效果周期是否可控。比如，一些保险行业会告诉用户，现在存多少钱，十年、二十年后将会得到多少回报。回报是诱人的，但回报周期是吓人的，所以大多数用户不会选择这类长期保障，而是倾向于短期就能受益的。

游戏的反馈是即时的，可以让人随时得到满足，因此在强化品牌/产品与消费者满足感之间的联系时，要把强化反馈及时性的优先级置于强化反馈力度之前。也就是说，与其让消费者做完1、2、3、4、5后再给他100元，不如让他每做完一个动作获得20元。

3.多变的酬赏

盲盒非常迅速地让一些上瘾者欲罢不能，其本质是游戏化营销，借助"盲"的概念，彻底激发用户凭运气的随机化体验。

这种上瘾的心理并不复杂，可以按照《上瘾》中提到的上瘾机制进行解释：触发→行动→多变的酬赏→投入。盲盒在一定条件下覆盖了整个"上瘾"闭环，最终达到一种"心流"状态。

盲盒的最初营销领域是二次元手办，目标用户往往重度迷恋产品品牌。后来盲盒走出手办领域，直切用户的收藏心理，更多作为IP玩具、IP周边的营销手法。其实，盲盒营销的"上瘾点"在于设计了一套不确定的收益机制，直接触发用户的"赌徒心理"，随后对盲盒购买的行动产生依赖和迷恋，再适时地接入各类"多变的酬赏"，令用户更加投入其中。也就是说，在盲盒的消费上瘾中，最关键的一步是"多变的酬赏"，这也是所有消费上瘾策略的关键一环（见图1-5）。

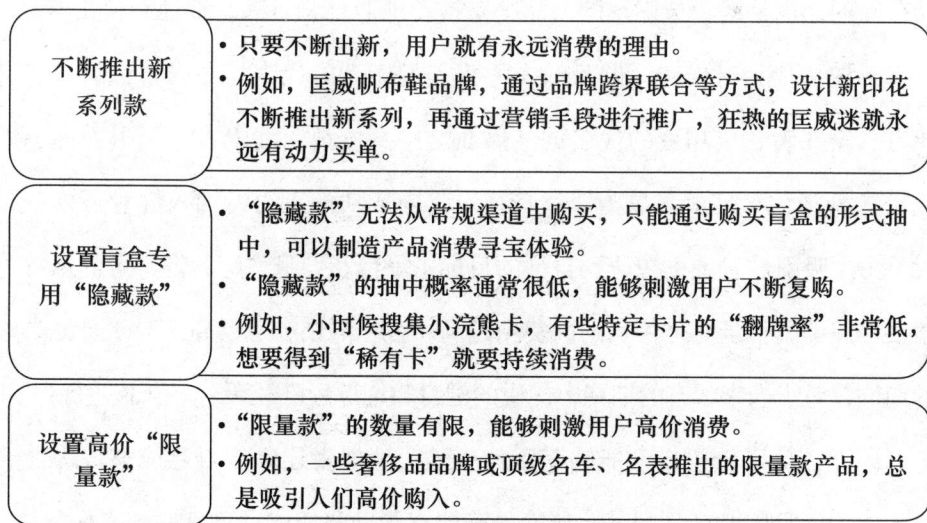

不断推出新系列款	• 只要不断出新，用户就有永远消费的理由。 • 例如，匡威帆布鞋品牌，通过品牌跨界联合等方式，设计新印花不断推出新系列，再通过营销手段进行推广，狂热的匡威迷就永远有动力买单。
设置盲盒专用"隐藏款"	• "隐藏款"无法从常规渠道中购买，只能通过购买盲盒的形式抽中，可以制造产品消费寻宝体验。 • "隐藏款"的抽中概率通常很低，能够刺激用户不断复购。 • 例如，小时候搜集小浣熊卡，有些特定卡片的"翻牌率"非常低，想要得到"稀有卡"就要持续消费。
设置高价"限量款"	• "限量款"的数量有限，能够刺激用户高价消费。 • 例如，一些奢侈品品牌或顶级名车、名表推出的限量款产品，总是吸引人们高价购入。

图1-5 盲盒的"多变的酬赏"

三款齐下，盲盒的"多变的酬赏"更加有力度，建立在"盲盒思维"基础上的品牌营销要点在于：①用户对品牌抱有好奇和期待；②用户想遍历不同的品牌体验。

4.出售希望

每个人都有很多希望。希望能出国留学，报了一门或多门外语学习班；希望身材更加苗条，办理了健身房年卡；希望让精神得到放松，购买了露营装备；希望每天早起，加入了好习惯打卡群；希望收入逐渐增多，参加了一些提升能力的业余培训……如果品牌能够及时、正确地捕捉到消费者的这些心理希望，并以此设计产品或服务，再通过宣传推广让消费者了解和试用品牌的产品或服务，就是出售希望。说得简单一些，就是品牌向消费者出售他们所希望得到的产品或服务。

"希望"是极具价值的，人们总会为了自身的希望而努力去实现。因此，发现"希望"，并帮助消费者实现"希望"，就等于将消费者拉入消费成瘾的环境中。这里不要从负面理解"环境"的含义，因为消费者的"希望"是主动存在的，也是渴望被满足的，品牌是被动地迎合，拼的是谁迎合得更好。

不知从什么时候起，健身的人不仅是健康者的代表，还成为自强者、自律者、奋斗者、成功者的代名词。后面这些身份都比健康者有吸引力，也更能给人希望，于是很多渴望建立自律、走向成功的人纷纷加入健身行列。同时，为了吸引健身者更快达到自己的目标，平台和健身教练为健身者们设置了很多专属课程，当然是付费的，费用越高，教练的层级也越高。对于身体健康的期许，对于未来状态的期待，优质的健身教练课程已经跃入"瘾品"行列。

因此，除了希望自己能够获得什么外，消费者还希望自己能够成为什么样的人，而品牌或产品的某些属性的确能够帮助我们树立自身的社会形象。

第二章

助力品牌裂变增长的系统工具

　　打造品牌不仅需要智慧与市场环境、企业现状的结合，也需要系统工具的辅助。系统工具的选择不能随意，需要结合所实施的程序。我们从设计品牌logo开始，精选出七个工具，做较为详细的介绍。

好 logo 需要满足五个特质

logo是我们每天都会看到的，因为它遍布大街小巷，存在于虚拟与现实的每个角落。但这并不代表你有多了解logo，很多人还将logo认为是商标。其实，logo和商标既有相同之处，又有不同之处，根据美国行销协会的定义：商标是名称、术语、符号、象征、设计或者以上的组合。logo是企业品牌或产品品牌的标志，可以用来申请商标。

logo是logotype的简称，起到对徽标拥有企业的识别和推广的作用，通过形象的徽标可以让消费者记住企业主体和品牌文化。

logo设计有文字logo、图形logo、图像logo（见图2-1）。logo在企业传递形象的过程应用最为广泛，是企业战略中最重要的因素。企业将自身所有的文化内容、产品服务、整体实力都融合在logo里，通过后期反复策划，使之在大众心里留下深刻印象。

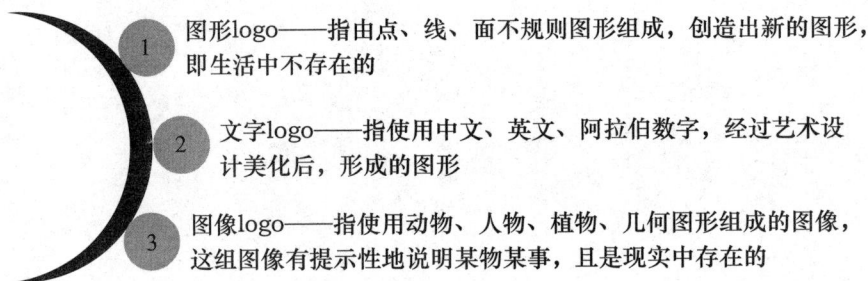

1　图形logo——指由点、线、面不规则图形组成，创造出新的图形，即生活中不存在的

2　文字logo——指使用中文、英文、阿拉伯数字，经过艺术设计美化后，形成的图形

3　图像logo——指使用动物、人物、植物、几何图形组成的图像，这组图像有提示性地说明某物某事，且是现实中存在的

图 2-1　logo 设计的方式

虽然logo设计的目的是突出视觉效果，引导受众兴趣，达到增强美誉、记忆的目的。但事实上，并非所有logo都能让人过目不忘，大部分logo很难被人记住。但logo又是品牌建设的重要一环，在人的五感中，视觉至少占到

80%。视觉会根据注意力的不同分为两个视觉层级，第一眼被大众注意到的是第一视觉层级（品牌名称或品牌logo），第二眼才被大众看到的是第二视觉层级（包装、海报等）。

通常情况下，一个好的logo可以成为品牌传播的助推剂，帮助企业迅速占领用户心智。那么，怎样的logo才是合格的助推剂呢？我们总结出以下五个必须满足的特质。

1.体现品牌定位

好的logo不仅从设计层面体现，更要从品牌战略体现，直白地、简洁地向外界传递出"我是谁"，并被用户完全捕捉到。

比如，盒马鲜生的logo，四个要点完美体现出品牌定位：①蓝色的河马头像既是品牌吉祥物，又寓意品牌名字；②"盒马鲜生"的谐音是"河马先生"，给人一种很萌的感觉；③"鲜生"倒过来是"生鲜"，传递出品牌的销售范围；④"鲜"字上有一抹鲜嫩的绿叶，凸显品牌经营的核心与决心，就是要"鲜"。

2.建立品牌识别区隔

区隔的意义就是塑造与其他品牌的差异化，logo只有建立强烈的品牌识别区隔，才能让大众一眼之下就能与其他品牌区别开。区隔的建立能够在第一时间扩展潜在用户的群体，但要建立在优质logo的基础上。识别区隔的最佳建立方式是通过色彩对比和图形设计来实现。比如，宜家家居采用蓝色和黄色对比，麦当劳通过红色和黄色对比。

通过这两个logo案例，你是否发现了，色彩越少的logo，对比就越明显、越强烈，因此识别度越高。

3.符合用户需求

logo是给消费者看的，因此必须要符合消费者的心理需求。因为logo是一种视觉呈现，需要简单，不需要复杂，在进行需求分析时也尽量要简单化，比如可以将需求简单划分为精神需求和物质需求两类。在设计logo时，需要考虑满足消费者精神需求还是物质需求，当然能两者都满足最好。

比如，拼多多的logo由众多不同产品的图案围绕一个"拼"字，体现出了拼多多品类丰富、物美价廉的特点，既满足了消费者的物质需求，也满足了消费者的精神需求。

4. 特示图案

这类图案属于表象符号，具有独特、醒目、易区分、易记忆的特点，通过隐喻、联想、抽象等表现方法表达品牌含义。虽然看起来图案本身和品牌的关联度不够，大众对logo的认知需要相对曲折的过程，但一旦建立联系，则会形成深刻的印象。

采用这种形式的logo中，最为有名的是苹果公司的牙印苹果。苹果这种东西，怎么想也无法与高科技企业联系在一起，但一个好好的苹果，被人咬了一口就显得很特殊，给大众形成深刻印记。

再如，NBA联盟金州勇士队的logo，蓝色背景象征旧金山的大海，黄色圆圈是一只篮球背景，大桥是奥克兰海湾大桥，上下两排文字，上面是"金州"，下面是"勇士"。

5. 特示文字

这类文字属于表意符号，是反复使用的品牌名称或产品名。这种特殊文字的含义明确、直接，与品牌的联系密切，容易被大众理解和记忆。特示文字一般作为图案的替代，要求选择的字体应尽可能地做全新的区别性创作。

比如，可口可乐的logo，就是以品牌名字替代图案设计的logo，将英文CocaCola设计得起伏漂移，仿佛呈现一种水的律动。

经典级 Slogan 无限增大品牌广角

Slogan是一个英文单词，意思是口号、广告语。对消费者的意义在于，所传递的企业理念，所强调的产品特点。对于任何一家企业、一个品牌、一个网站来说，Slogan都非常重要。

所谓广告口号，就是一种经过设计的，特别进行传播的，并在较长时期内反复使用的特定商业用语，作用是以最简短的文字把企业、品牌或商品的特性及优点表达出来，给大众浓缩的广告信息。比如，最经典的那句A diamond Is Forever——"钻石恒久远，一颗永留传"，一句话就形成了强烈、鲜明的品牌特性，以此吸引了大量用户。

对于Slogan是如何产生的，很多人的理解是"想出来的"。Slogan的确是想出来的，但绝非一拍脑袋就能想出来，不要认为广告语只是一句话，如同文字游戏一样。事实上好的广告语由一句短语或几个词构成，它的最大作用不是用"语不惊人死不休"的方式引来万众关注，也不是用优美华丽的辞藻博得大众的一致好评，而是通过最简洁有力的语言准确传递出品牌的核心理念和产品的关键利益。

成功的Slogan能够唤起共鸣、获得偏好、促成购买。我自己有过因为看到一个品牌的Slogan，就买了那个品牌产品的经历。就像那句"没有中间商赚差价"，清晰地说明了品牌赋予受众的价值感，很容易让受众对其他竞争对手产生排斥。总之，好的Slogan能做到以最小成本博取最大势能，借以传播品牌的核心信息。

想创造出成功的、简单的、有力量的Slogan，可以有四种方式，且必须结合运用，否则功效会大打折扣。

1.符合品牌定位

Slogan 的评判标准应是"先对后美"，符合品牌战略、品牌定位、价值观和人设的就是对的，也是创造 Slogan 的前提。比如，某企业开发一款新产品，定位为专业品牌，人设是智者，就可以用相对戏谑的第一人称口吻写 Slogan。

2.变功能为利益

创作 Slogan 的目的是宣传产品，但仅仅是宣传产品功能是不够的，还要突出品牌或产品给消费者带来的利益点。如同品牌行业的一句名言"要卖就卖煎牛排的吱吱声，而不是卖牛排"。

斯蒂夫·乔布斯显然懂得这句话的精髓，当年苹果推出新款 iPod，所有同行都在炫耀自己产品的容量，苹果选择了"把 1000 首歌放进你的口袋里"这句话作为产品 Slogan，直击消费者的利益点。容量大小只是虚拟的体现，1000 首歌则是实际的呈现，或许很多人在听见"1000 首歌"之后会立即畅想自己要将哪些歌存进酷酷的 iPod。

3.体现差异优势

这是一个独行特立的时代，任何趋众的产品都会被淹没，只有展现差异优势的产品才能活下来。因此，设计 Slogan 必须要挖空心思体现品牌的与众不同，并且这种不同能给消费者带来独特的好处。

4.争取做第一个

消费者的脑容量有限，想记忆的东西也有限，通常只愿意记住第一个，第二个被记住的概率就会小很多。相关的统计数据则显示为 85% 和 12%，也就是说做第一个能被记住的概率是 85%，做第二个能被记住的概率会急降到 12%。

现实就是这样残酷，创造 Slogan 必须要努力做第一个，就像当年的"凡客体"，虽然到了如今凡客已经被人遗忘了，但"凡客体"却能长留大众心中，不仅是因为经典，还因为是第一。那些模仿"凡客体"的品牌又能被人记住多少呢？恐怕如今一个都想不起来了。

通过上述四点的总结，Slogan 是需要精心设计的，是创意和逻辑的产物，是对品牌战略和产品特性思考后得到的。

Brief 必须精准、有观点、有策略性

Brief 的直观翻译是概要、短文、简短说明、要点摘录。换到日常工作场景中，Brief 是创意简报，也是工作简报的意思。创意简报为广告的创作确立方向、制定策略、发出指引，还在事实和创作之间起到纽带作用。通常包括：市场背景、沟通策略、客户成本、品牌计划、品牌定位、品牌写真、创意说明、销售理念、传播策略、预期效果等部分。

品牌和营销的 Brief 都是针对一项具体的工作展开，如设计一张海报、组织一个活动、撰写一份新媒体文案等，一般满足三个要素可以做出一份好的 Brief，这三个要素常被称为"ODD 要素"。

1. 要达到的目的

第一个要素是 Objective——目标。所有工作都是有目的的，工作就是要将目的实现，这也是工作的意义。完成一份 Brief 也是为了达到某种目的，达到目的的方法和所使用的工具因为工作性质的不同，也是不同的。有的工作是品牌类，有的工作是营销类，有的工作横跨品牌和营销两类。

比如，举办一场音乐节，就包括广告宣传、资金预算、活动策划、媒体报道、品牌提升、销售转化、后期影响等内容，每一项内容的具体要求都不同，但所有内容环节的最终目的是一致的，就是既拉升品牌，又拉动销量。

因此，Brief 中必须明确说明工作目标，通常为一个目标，最多再列出一个备用目标，但要分清主次关系和时间顺序，便于执行任务的人可以集中全部力量对重点目标进行策划。

2.要得到的结果

第二个要素Deliverables——可交付成果。Brief需要有明确的目的，如市场知名度提升8%，转化用户数达到6万等。但仅仅是有明确的目标并不够，还要为中间的过程环节负责，及时进一步明确工作交付的成果，比如具体做到什么程度？是否要给出具体执行方案？表达形式是什么？

很多执行者认为Brief不可能一次完成，总是会返工的。除去要求因素的改变导致Brief修改外，如果对可交付结果的要求是明确的，执行的效率就越高，一次性做成Brief的可能性也越大。

3.要提交的日期

第三个要素Deadline——最后期限。也称为DDL，源于美国南北战争时期，当时南方军在战俘集中营内画了一条死亡线（Deadline线），凡是越过这条线的战俘就被枪毙。

之后这条线演变为商业中的"截至日期"。如今，DDL被誉为是第一生产力，没有设置DDL的项目都不会有好的成果。因为动力总是在压力下产生的，有了截至日期就等于有了压力，因此任何工作Brief都需要明确DDL。

最后要说明一点，接受或下达Brief后需要复核，要请接收命令的人重复一下接收到的信息，对于发出Brief的人则要追加一封邮件作为补充说明。

围绕消费需求打造品牌IP

主流经济观点历来都有着统一的认识，就是消费需求从来不曾减少，而是一直在变化。纵观当今经济发展形式，消费市场基本完成了从传统消费主导向新消费的过渡，曾经以满足基本消费需求为主体的消费观念已经被充分满足更高品质需求和更深层次需求的消费观念所取代。因此，围绕消费者各项需求打造品牌已经成为做大品牌的核心战略。

既然是围绕消费者需求进行打造，核心自然是消费者的需求，因此要先分析消费者需求，可以借助"马斯洛需求理论"。该理论由美国社会心理学家亚伯拉罕·马斯洛提出，他将人的需求划分为五个层次（见图2-2）。

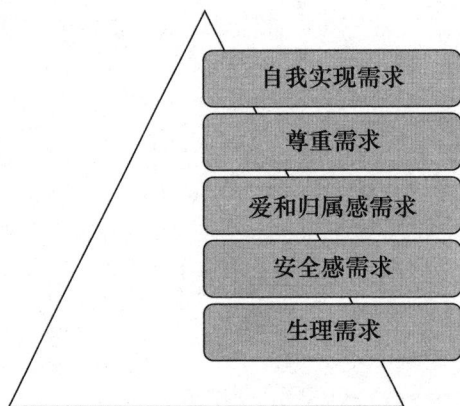

图2-2 "马斯洛需求理论"框架

如图2-2所示，人的需求是由低向高逐渐提升的，当较低层次需求得到满足后，需求会自然提升。

在五个需求层次中，生理需求处于最低层次，这是人类的本能，也是生存的基本需求，当人从生理需求中获得解放，才会产生社会化程度更高的需求。延伸到消费需求上，可以将消费者的需求划分为基本需求（生理需求）和意识需求（心理需求）。

基本需求是一种"刚性"需求，是必须直接表现出来的需求。

意识需求必须在基本需求得到满足后才得以产生，消费者对某种需求赋予了一种新的理解、新的期待。可以理解为是个性化的消费需求，是因人而异的，是更高品质的，是更广范围的消费追求。

围绕消费需求打造品牌IP，说的是围绕消费的意识需求，在把握用户本质的前提下，进行深层次消费特点的挖掘，以掌控当下的消费市场和未来的消费变化。

但是，意识需求所引导的意识消费是相对模糊的，消费者难以直接表达，因此成功地挖掘才能聚焦产品，打磨极致体验化产品，从而塑造有绝对力度的品牌。

企业需要为消费者提供完整的、合理的、准确的、对接性的需求解决方案，才能激发消费者的意识需求，进而引发消费。

三只松鼠就为消费者提供了完整的场景展示。三只松鼠不是卖坚果的吗？是的，但三只松鼠更像是一个陪伴者，为消费者提供某种所需要的"陪伴"。比如，一个刚步入社会的女孩儿，可以通过消费三只松鼠这样的快时尚食品，获得值得"晒"的生活内容，那只有着大眼睛的松鼠包装盒，一封手写明信片，还有各种各样的手办等……这是符合消费者意识需求的设计，当消费者打开包装，就会被一系列惊喜满满的小周边俘获。

这些小周边满足了消费者的陪伴需求，从而引发内心的共鸣。就像很多女孩儿们看到《欢乐颂》里，邱莹莹和关雎尔拿着三只松鼠坚果的场景，仿佛自己是一个集万千宠爱于一身的小公主。

三只松鼠之所以能迅速崛起，就是因为有效抓住了消费者的意识需求，聚焦产品，精致产品，打造出有说服力且前景广阔的品牌。

VI 视觉开启由眼入心的形象传达

VI是视觉识别系统，它是企业品牌形象打造最重要的环节。经常看到的"企业品牌形象视觉识别"，就是将非可视化内容转变为可视的视觉识别符号，再利用视觉让品牌形象进行最直接的传播。

在进行VI视觉设计时，无论设计的情况多么复杂多变，都必须遵守一定的基本原则。

1.统一性

品牌形象在向外传播的过程中，必须保持一致性，使品牌形象达到集中和强化。这就要求在进行设计时运用完美的视觉一体化设计方式，把品牌视觉形象想要传达的信息与用户对品牌视觉形象的认识统一起来。并且保持各传播媒介上的形象统一性，创造存储与传播统一的品牌理念与品牌视觉形象。因此，VI设计必须做到标准化导向。

（1）化繁为简：在满足品牌推广的前提下，简化VI系统的构成元素，利于标准化实施。

（2）高度一致：及时调整信息传递中不一致的部分，品牌名称、企业名称、商标名称尽量一致，带给用户唯一的试听印象。

（3）通用操作：设计出的形象标志不会因环境改变而改变，也不会因技术上的缩放而产生视觉上的偏差。

2.差异性

品牌形象不能是趋同的，而应是个性的，才会更便于用户接受。差异化既要在不同行业背景下有区别，也要在同类行业背景下有区别。

在用户的认知中，不同行业的品牌必有专属的形象特征，就像珠宝行业的品牌与家具行业的品牌在形象与内容上必定不同。因此，企业在进行VI设计时，必须以高度可识别本行业特点为核心。但仅突出本行业特点是不够的，还应突出品牌自身的特点，才能在千千万万同类品牌中脱颖而出，而品牌的视觉形象的设计将是关键一环。

加多宝诞生后，就为自己加上了"金罐"的名头，如今"金罐加多宝"已经成为消费者心中的专属品牌。难道加多宝只是为了推广一款看似高端的饮品吗？当然不是，加多宝的目的是快速与王老吉脱离，让消费者对加多宝形成独立的印象。

3.审美性

优质的VI设计与普通的VI设计的最大区别，就是能够通过艺术性和生动性形成高端的品牌语言，以此吸引用户的注意，获得用户的转化。那么，优质VI设计的审美价值主要包含哪几项因素呢？

（1）具有创新性，形式完美，视觉冲击力强。

（2）贴近用户生活，表现形式具有亲和力。

（3）能广泛应用于各种传播媒体，甚至引发审美潮流。

优质VI设计需要结合高端技巧，这是一个涉及实操的过程，常见的技巧包括颜色、图案和标志三个方面。

1.标准色

标准色是企业特意打造的，希望用户以此代表企业或产品的专用色彩。要求在企业品牌信息传递的整体色彩计划中，标准色的视觉识别效应足够明确，勾勒出在市场竞争中制胜的独特魅力。

品牌标准色必须满足三大特点：单纯性、差别性、系统性。即企业需根据此三点进行品牌视觉形象开发，才能达到以最少色彩表现最丰富含义的目的。

知乎的标准色是蓝色，这与其知识类APP的定位紧密相关，蓝色有着沉稳的特性，象征着理智，寓意博大精深，知乎向全世界传达出"知识海洋无边无际"。

知乎标准色选用与表现的成功，与其高度符合标准色选用特征有关。那么，标准色选用有哪些标准呢？

（1）体现品牌经营理念、品牌形象设计和产品特征。

（2）表现企业技术支持和产品内容实质。

（3）突出与竞争品牌之间的差异性，并适应消费者心理预期。

2.图案

图案分为特性图案和象征图案两种。

特性图案又称为"品牌造型"，象征企业经营理念、产品品质、服务精神，富有企业特色或具有纪念意义的具象图案。一般是图案化的人物、动物和植物，如肯德基爷爷、海尔兄弟等。特型图案应富有亲切感，让人倍增喜爱，以达到传递信息和增强记忆的目的。

象征图案又称作"装饰花边"，是一种辅助符号，普遍运用于宣传媒体装饰画面，是视觉识别设计要素的延伸与发展，与标志、标准色等属于宾主、互补关系。象征图案的存在，是为了加强品牌形象的诉求力，对视觉冲击力进行强化，让画面更有感染力，更能引导消费者的购买欲望。

3.标识

在设计品牌标识时，企业需要站在品牌战略的高度，使标识具备包容性和完整性，才能为品牌长远发展提供延伸空间。通常情况下，标识设计需要符合三项标准。

（1）标识线条的标准。信息传递需与品牌战略相符，降低用户对品牌负面联想或错误理解的风险。

（2）标识色彩的标准。视觉情感感受是品牌识别的重要因素，在精准定位的前提下使用与品牌贴合的色彩来表达。

（3）标识整体设计的标准。传递的气质需与品牌战略相符，具备具体的、清晰的、强烈的感染力，同时具有高度的包容性和清晰的边界。

STEPPS 是一种"病毒营销"

STEPPS由美国宾夕法尼亚大学沃顿商学院的约书亚·博格教授提出，为了阐述传播内容如何具有感染力，分为六个因素：社交货币（Social Currency）、诱因（Triggers）、情绪（Emotions）、公共性（Pubilc）、实用价值（Practical Value）、故事（Stories）。这六点可以分成企业提供（诱因、实用价值和故事）和用户自我感知（社交货币、情绪和公共性）两大类。下面以企业提供和用户自我感知的分类分别阐述。

1. 诱因

设计一种在特定环境下激活消费者联想到企业品牌的线索，将企业要传播的产品与这个环境做关联，使消费者产生品牌联想，从而引发自发传播。

用一个公式可以表示：刺激结果=刺激强度 × 刺激频率。

该公式的意思是，通过增加刺激频率或刺激强度去提升刺激结果，其中提升刺激频率更容易达到效果。"罗辑思维"就是高刺激频率产生了强刺激结果，每天60秒语音和很多图文推送或文字内容，激活了与其用户的关联性。

2. 实用价值

借助人们互帮互助的心理，让消费者因为品牌或产品能够帮助到他们而自发传播，理由就是很值得，并希望将好的东西让更多的人知道。

首先，要学会运用专业知识和另类思维给用户提供更有营养、更优质、更值得信赖的产品。通常表现为实用，因为实用的产品或内容在传播中更有生命力。

比如，STC（科学技术咨询）上发布的一篇文章《品牌H5应用做成这样也是蛮拼的！》是帮各品牌经理解决在富媒体时代急需寻找优质Light APP（轻应用）的刚需，因此发布后迅速在营销圈传播。文章从标题到内容都紧紧围绕实用价值展开，菜鸟也能在Light APP领域一展身手。

3.故事

该用怎样的叙述逻辑去表达自己的思想呢？有句话这样说：人们很少去思考一些能直接获得的信息，但是会去思考那些跌宕起伏的故事。因此，在传播的各种方法中，会把品牌故事放在第一位。当大众在津津乐道谈论故事时，能主动传播品牌的思想。需要注意的是，故事一定要让用户产生情感共鸣，而非品牌的自我感觉良好。

伏牛堂刚创立时，创始人写了一篇文章，名为《我想，我还是喜欢当一个厨子》，在微信朋友圈大火。朴实的语言透露着真诚，一切只为做出家乡米粉的味道，试问消费者对一个如此真诚、又好吃的米粉怎么会有抵抗力呢！

可见，用讲故事的方式宣传企业和品牌是非常好的方法，但借助故事传播的目的绝不仅仅是讲述一个伟大的故事，而是要使故事更有传播价值。

4.社交货币

人们希望自己在他人眼中是"时尚、有趣、有远见、有内涵"的，也就是说要给大众设定一些足够他们对外展现自己的谈资，用以相互分享。那么，人们喜欢分享什么内容呢？

（1）能体现自己高品位、高价值的东西。

（2）体现自己特殊性的东西。

（3）让别人感到新奇的东西。

（4）有竞赛、排名、积分榜之类的东西。

iPhone 6上市时，微信上一篇名为《也许，乔布斯写了世界上最有名的影评》的文章，产生了47000次阅读。因为人们喜欢处于被正面谈论的焦点，所以当有人在朋友圈分享这篇文章后，TA的朋友会因为看到这篇文章而把TA看成是一个具有文艺色彩、并对最新技术潮流充满兴趣的前卫人士。

5.情绪

情绪是可以传播的，因此一些情绪事件会增加人们的分享欲。但并不是所有情绪都能引起用户的自传播，只有那些能够激励人们积极共享的情绪才能得到、也才适合广泛传播。正面的传播也需要强烈的情感刺激，否则刺激不能到位，则情绪传播的力度将无法达到。

阿里巴巴在美国路演成为轰动国内商界的大事件，曾经的小角色马云已经成为商界大佬。彼时一篇名为《今天你对我爱答不理，明天我让你高攀不起》的文章也风靡微信群，阅读量迅速攀升到100000＋。大量看完此篇文章的人都在内心升腾起一股强烈的奋斗欲望，觉得自己不能一直被人"爱搭不理"，而是要有一天让人"高攀不起"。

6.公共性

公共性主要指人们的从众心理，是群居属性的人最显著的心理特征之一。只要一个传播方案能在一部分人群中引爆，这一部分"种子"就会带动更多的人进行传播。

还记得曾经风靡世界的"ALS冰桶挑战"吗？由美国波士顿学院前棒球选手发起，要求参与者在网络上发布自己被冰水浇遍全身的视频内容，然后该参与者便可以在Twitter上点名另外三人接受挑战。活动规定，被点名者要么在24小时内接受挑战，要么选择为对抗"肌肉萎缩性侧索硬化症"捐出100美元。当然，被点名者几乎都是既接受挑战又做出捐款，而且捐款额度会超过活动规定。

这种充满挑战性又有刺激性的活动，很快就能博得大众关注。这就是从众心理被正确利用的最好实例，大众都在看，名人都在做，于是传播范围日益扩大。

第三章

最炸裂品牌裂变的推广路径

传统的营销推广是通过大面积的广告推广和面对面沟通实现。当下营销推广通过"存量找增量，高频带高频"的裂变思维方式，达到快速在用户圈子内传播的目的。如何打造裂变营销系统是本章要讨论的内容。

推广从埋植"种子用户"开始

在"大而全"的大超市和"杂却乱"的菜市场一统天下时，永辉超市这样的"小液态"便利超市悄然诞生，虽然经营的品类少，但很有针对性，很快就成为消费者新宠。表面上看"小业态"卖的还是产品，但从内在看"小业态"卖的是"方便"，消费者享受的就是方便的状态，这种状态为永辉超市吸引到大量"种子用户"，这些"种子用户"遍地开花，结出了硕果。

"种子用户"是第一批接受并且对产品有很大好感的消费者，他们不仅反复消费，还介绍新的顾客，最终形成根脉相连的大型用户网。

种子用户是有利于培养产品氛围的鲜活用户，是对企业最为忠实的超级用户。但对"种子用户"的定义还需明确以下几点（见图3-1）。

> **种子用户不等于原始用户**
> 来得早不等于忠实，要看是否来得频、买得多，活跃度高的用户才具有扩散能力。

> **种子用户的质量比数量重要**
> 少而精并非坏事，多而寡却不是好事。低质量的原始用户越多，会影响高质量种子用户对产品的认知。

> **种子用户能够反馈产品建议**
> 高质量种子用户不仅是复购率的保障，还是产品革新的谏言者，并且带动其他用户参与有意义的讨论互动。

图 3-1　种子用户的界定

豆瓣是一家Web 2.0服务类网站，主要通过用户点击率及购买电商网站相关产品获得收入。在豆瓣上，用户可以自由发表有关书籍、电影、音乐的评论，可以搜索别人的推荐，所有内容的产生、分类、筛选、排序都由用户决定。

用户沉浸在豆瓣社区中是因为两个动力：表达与认同。因此，豆瓣在产品设计上采取了借鉴模式，可体现在三个方面：一是简约素雅的界面风格，借鉴于flickr；二是电子商务方面，借鉴于亚马逊；三是社会网络（SNS）的一些元素，不同于一般社会网络没有媒介，豆瓣以相同兴趣作为媒介。

这些特点让豆瓣迅速抓住种子用户，并在短时间内大量发展。到2012年8月，豆瓣的月度覆盖独立用户数便已过亿，日均PV为1.6亿。

通过对豆瓣的分析，我们总结出获取种子用户的几种方法。

1.产品优质

产品的品质如何，决定了能否获得种子用户的青睐，一款好的产品配上恰到好处的宣传，一定会留住种子用户。

朋友前年花费1600元为妈妈买了一台华为X8手机，速度快，全面屏，指纹解锁，6.5英寸大屏幕，使用非常方便。从此以后，他的妈妈化身"华为宣传员"，只要有人说要换手机，就对人家介绍华为，她不知道具体哪一款，反正华为手机就是好用。朋友打趣地说他的妈妈已经成了华为的"种子用户"了，正在遍地撒种呢！

种子生根发芽苗壮成长的根本是要有肥沃的土壤和足够的养分，土壤是产品的优质程度，产品越好，土壤越肥沃；养分是产品的使用体验，体验越佳，养分越充足。

2.内容驱动

内容的形式十分广泛，且是不断发展变化的，随着各种现象的出现随时增减消涨。但无论怎样变化，内容都必须围绕用户需求展开，并保证一定的原创度和品质。

豆瓣早期是以"论书"为主，想要获得高质量书评十分不易，但这种状况下积累的种子用户质量非常过硬，这些用户自行发表有关书籍、电影、音乐的评论，用户沉浸于自己创造的环境中，并且逐渐壮大。

用内容驱动获取种子用户的方法主要有两种类型：一是小众模式，通过文字、语音、图片与视频的合集，综合呈现给用户。二是高端模式，通过独家提供内容给用户，内容粉丝只能到你的平台获取内容。

3.口碑传播

口碑传播永远是各类营销方式中最经济、最长久、最坚固的传播方式。不要嫌口碑传播慢，口碑需要积累，当达到一定量级后，将是几何式爆发增长。

豆瓣从诞生到强大，走的就是口碑路线。豆瓣开发者叫作阿北（杨勃），最初就是一心一意做好产品，起名是就地取材——自己居住的"豆瓣胡同"。

产品几乎每天都有新功能上线，每次阿北都会用简练的文字向早期用户阐述产品的新变化，鼓励用户大胆尝试，并欢迎大家提出意见。

豆瓣低调到令人可怜，员工只有阿北自己，他从未想过产品宣传，但在上线半年内仍然积累了2万用户。此后几个月，豆瓣用户数增速明显，每月上涨1万人，到次年每月增长2万人。

这些都是豆瓣的种子用户，质量极高，通过口碑逐个俘获，然后扎根，是日后豆瓣开疆拓土的坚实基础。这是豆瓣的故事，一个只靠口碑深耕着"种子用户"的网站，最终等到了种子的发芽成长，成就了单人独骑的创业神话。

以视觉锤传递传递品牌差异化信息

什么是"视觉锤"？字面的意思是将想要表达的想法通过视觉极为有力的呈现，用锤子的力度来形容视觉效果强大给用户带去的震撼力。因此，视觉锤具有强大的视觉辨识能力，让消费者一看到就知道它是哪个品牌，其具体表现在两个方面。

（1）VI视觉元素：肯德基大叔的头像，哈利·波特的扫帚、美国队长的盾牌……

（2）故事感：听到"超级英雄"就想到钢铁侠、蜘蛛侠、蝙蝠侠。

由此可见，视觉锤是品牌推广中非常重要的方法，营销实践证明视觉是承载品牌信息、进行品牌识别的最有效的方式，也是决定用户购买的最大影响因素。

既然视觉锤在品牌传播中至关重要，那么该如何打造具备高效传播推广效应的视觉形象呢？

1.简洁易于识别

成功的品牌在设计logo时，无不追求简洁，以提高辨识度和记忆率，消费者能够在第一时间记住的就是成功。除简洁外，还必须有独特性，使自己区别于同类品牌，给消费者最深刻的心灵冲击。比如，奔驰的logo以简洁独特著称，任何人看了都会第一时间联想到汽车，也提高了记忆率。你能想到哪些时尚、简洁，且具有独特性的logo呢？这些品牌是否已经扎根你的心里？

2.颜色让人印象深刻

借助颜色刺激人类视觉，是非常有效的方式，因为人类的视觉神经对颜色很敏感。那些将颜色与自身品牌完美结合的企业总会给消费者留下深刻的印象。

我第一次浏览唯品会，吸引我的是粉红色的基调。因为唯品会创立之初主要针对女性用户，粉色可以让女性感到温暖有安全感。难得的是，男性进入也不会感到不适，反而会被扑面而来的温柔气息所打动。又因为当时的电商网站主色调基本是红色、蓝色、白色，鲜嫩的粉红色是第一次出现，对用户的视觉冲击非常大。更重要的是，从最初开始用粉红色至今，唯品会的网站设计更新了一次又一次，但粉红色始终未变，更加深入用户的内心。

3.具象能提高记忆率

很多企业在设计品牌logo时，喜欢用抽象图案，虽然这不是错的，但如果完全忽视具象图形的作用也是错误的。相对于抽象图案，具象图形更容易被记住。

天猫的logo是一只扁头细身的黑猫；京东的logo是一只大头小身的白狗；美团的logo是一只奔跑的袋鼠；飞猪的logo是一张可爱的小猪脸；携程的logo是一只跃出水面的海豚。这些成功品牌用户看得懂，讲得出，更容易被记住和传播出去。

4.动物代言更易被接受

曾几何时，开始流行"我为自己代言"，但相对于动物的萌值来说，人类的萌值确实比不了。一些动物天然就是萌宠，特别是卡通化的动物形象更加受欢迎，如米老鼠、哆啦A梦、小黄人等。

借此想法，给品牌设计一个具有代表性的动物卡通形象，能让品牌更生动有活力，便于消费者记忆。就像腾讯的品牌形象是一只企鹅，胖乎乎圆嘟嘟的样子很受各年龄层用户的喜爱，很多用户已经把企鹅当作腾讯的代表，尤其是一些年纪大的用户，直接管这只企鹅叫作"球球"（qq）。但必须注意，用卡通动物象征品牌要结合企业的品牌定位，动物形象能给品牌加分。腾讯是一款社交软件，小企鹅的憨萌的样子就像人与人之间交际所流露出的真诚感，这是腾讯对人际交往的期许。

几秒钟就能打动用户的短视频营销

随着智能硬件及网络的快速发展与普及，视频移动化、资讯视频化和视频社交化的趋势愈盛，短视频营销已经成为新的品牌营销风口。流量大势所趋，各品牌接连布局短视频营销战线。

劳氏建材是美国第二大室内装修材料零售商，在美国全境有700余家店铺，销售超4万种商品。在传统商业时代稳步向前的劳氏建材，在互联网时代也紧跟步伐，打造自媒体内容营销。

2013年4月，劳氏建材拍摄了一段仅长6秒钟的短视频，命名为"怎么做"发布到短视频平台Vine上。视频内容是教一些生活小窍门，运用了定格动画技术，因此视频虽短但呈现非常到位。这种简短的视频内容因为内容简单易学，并且容易操作，获得了很高的点击率。试想，如果劳氏建材用长视频加长文案呈现，用户很可能没有耐心看完。可见，在崇尚快销的当下，必须追求精练，一步到位、一下看透、一眼看穿的效果是最好的。

在短视频营销领域，麦当劳这个老牌子也加入进来。2017年4月，麦当劳携手短视频平台Snapchat悄悄开启了一场"Snapchat招聘"。

想来麦当劳上班吗？请先用 Snapchat 制作一份个性化简历！麦当劳要求应聘者在 Snapchat 里"穿上"一件虚拟的麦当劳工作制服，然后用10秒视频展示自己的才能、优点。如果你的视频足够有趣有料，麦当劳会通知应聘者进入面试环节。

用视频展现个人才能并不是新鲜方式，但曾经的展示都是长时间的，长到很多视频没有多少人愿意看完。当招聘和短视频碰撞后，"脑洞"就多了，其实谁都知道招聘只是麦当劳试水短视频的噱头，此次活动中品牌传播性显然大于招聘严肃性。

很多国际一线品牌纷纷选择短视频营销，为什么大家竞相扎堆短视频营销呢？原因总结为以下三点（见图3-2）。

短视频是更具表达力的内容业态	短视频是新人类的社交名片	短视频是大脑更喜欢的语言
相比于单一讲述品牌故事，短视频内容更具三维立体性，能让用户更真切地感受到品牌传递的情绪共鸣。	年轻新人类是"网络原住民"，而快速兴起的社交网络是围猎"90后"的社交场所，是品牌垂直攻略年轻受众的最有效途径。	大脑处理可视化内容的速度比纯文字快60000多倍，而且当下年轻人的生活节奏很快，精悍短视频更符合当下"忙时代"的时间碎片化场景需求。

图 3-2　短视频营销的优势

那么，做品牌推广应该如何更有效地利用好短视频这张牌呢？提炼三个关键点供大家参考。

1. 找到一个能引爆用户群的"社交话题"

短视频营销不能"自说自话"，因此需要找到一个能引爆用户群的"社交话题"。这样的话题必须是目标受众切实关心的问题，然后借助短视频的丰富表达力给予阐述或解答，以此为品牌推广获得大量种草。

每年11月11日来临之前，"双11"总是很火热的话题，很多人都等待着那一天的到来，剁手感成了最爽的感觉。但是面对各式眼花缭乱的品牌大促，N多品牌信息狂轰滥炸，哪个好、哪个差、哪个才是真正"千年难得一遇"的史上最低折扣，忙时代的年轻人早已晕了头。可见，"双11"剁手族们更需要的是一份剁手清单！令我印象深刻的是2017年"双11"天猫联手陌陌，双方从万千信息中捕捉到了购物清单这一社交话题，在陌陌平台推出天猫的短视频话题定制页"双11爆款清单"，迅速在陌陌平台引爆。

2. 品牌传递"场景故事化"

本质上，广告是人人都讨厌的，但现实中有些广告不仅不令人讨厌，还让人心生很多不舍，就像苹果广告，一段一段的故事总能打动人心。所以有人总结：没有人喜欢看广告，但没有人不喜欢听故事。

在内容营销时代，高大上的广告片因为不接地气越发失宠，而故事性极强的情怀营销则更让消费者"盛情难却"。因此，把品牌转化为一种价值主张，去融入一个富有感染力的故事，就可以很好地吸引消费者的注意力。当消费者被真正打动，会主动地分享他们心中的好视频，品牌就此获得持续传播。

3. 利用"红人"搭建传播纽带

"网红"在短视频舞台的影响力远超过一些明星艺人和商界大鳄。就像口红一哥李佳琦与马云的PK中，他一小时卖出1000支口红，马云只卖了10支，堪称吊打。因为短视频的交互模式更符合年轻人的认知，能在年轻人圈子中形成一种信任传递。很多企业做品牌推广都认识到红人资源的重要，纷纷邀请网络红人直播带货。"红人"与用户群体通过短视频平台建立最近的联系，这种垂直于用户群体的内容"种草"可以更快速地帮助品牌俘获芳心，实现导流与传播。

场景营销的新模式是广告弱植入

广告植入在当下已经非常普遍了，是植入性营销的一种，通过有意识的将营销事物以巧妙方式植入即存媒体，以达到借即存媒体曝光率传播品牌的效果。现在很多品牌都选择这种更为聪明的方式，因为比起直接广告，植入广告更隐蔽，能够在无意识情况下被消费者接受。

广告植入模式一路走来也经历变迁，从过去的强植入，到如今的弱植入。所谓强植入就是只以植入广告为最终目的，并不考虑是否适合的问题（见图3-3）。如今依然有强植入的广告，既浪费广告资源，又影响品牌声誉。

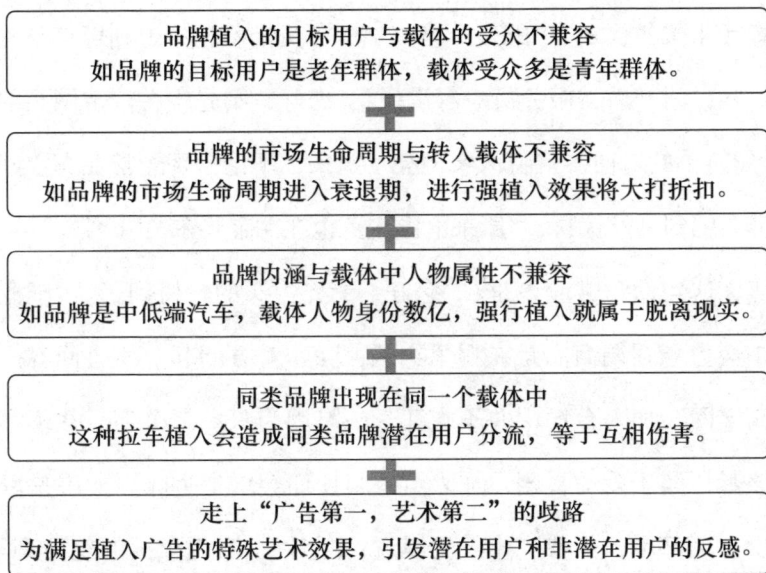

> **品牌植入的目标用户与载体的受众不兼容**
> 如品牌的目标用户是老年群体，载体受众多是青年群体。

> **品牌的市场生命周期与转入载体不兼容**
> 如品牌的市场生命周期进入衰退期，进行强植入效果将大打折扣。

> **品牌内涵与载体中人物属性不兼容**
> 如品牌是中低端汽车，载体人物身份数亿，强行植入就属于脱离现实。

> **同类品牌出现在同一个载体中**
> 这种拉车植入会造成同类品牌潜在用户分流，等于互相伤害。

> **走上"广告第一，艺术第二"的歧路**
> 为满足植入广告的特殊艺术效果，引发潜在用户和非潜在用户的反感。

图3-3　广告强植入的问题

在了解了强植入对于广告植入的负面性后，再来看看如何进行广告弱植入，将广告在潜移默化间植入消费者心里。

1.场景植入

将品牌视觉符号或产品本身作为媒体内容中发生的场景或场景的组成部分，出现在植入载体中。

典型案例是湖南卫视的亲子节目《爸爸去哪儿》，其中伊利牛奶冠名该节目，但不是强行植入，而是将伊利大草原作为节目录制的其中一站，把伊利奶牛的养殖地和伊利牛奶的原生地，以及伊利牛奶的制作环境作为节目场景，以欢快娱乐的方式植入节目中，既达到了高曝光率的传播效果，又让观众对伊利牛奶的原产地产生了兴趣。

2.对白植入

这种植入方式主要在电影、电视剧、小说中出现，方法就是通过主要角色的对话巧妙地将品牌植入其中。

电影《非诚勿扰2》中的一个镜头，服务员推着轮椅走到舒淇与葛优的房门前按门铃，门开后，服务员对舒淇说："您好，秦先生在淘宝网买的轮椅到了。"一句简单的对白，就将淘宝网亮了出来，不论是否经常在淘宝网购物的观众，都会感到一丝惊喜，"原来电影主角也在淘宝买东西"。

其实，这句话正常应该是："您好，秦先生买的轮椅到了。"毕竟少有人在现实中会特意强调商品是在哪里买的，除非对方问起，才会回答。但在此处将"淘宝网"加入台词中并不突兀，一是因为只有三个字，并不啰唆；二是因为该影片属于爱情喜剧，加入点佐料反而会增加趣味。如果是以现实情况呈现反而不好了，如侍应生对舒淇说："您好，秦先生买的轮椅到了。"舒淇反问："在哪买的啊？"侍应生回答："淘宝网。"这种犹如傻瓜般的对话，定会引起观众反感。因此，在台词中如何植入广告，需要结合具体场景和品牌自身状况而定。

3.情节植入

这是一种相对深层次的植入，是指某一品牌的产品成为推动故事情节向前发展的重要组成部分。

2016年大火的韩剧《W两个世界》中，聚美优品不仅在生活场景和人物对白中出现，还贯穿了整个故事。聚美优品的品牌商标成为电视剧背景，聚美优品CEO是推动情节走向的人物。男主为了获得在现实世界中活下去的机会，只能在现实世界塑造一个身份——聚美优品的CEO。

4.形象植入

根据品牌所具有的符号意义，以温馨的形式植入电影、电视或其他媒体中，成为故事主人公个性和内涵的外在表现形式，达到品牌与剧中人物互相诠释的目的。

2016年大热电视剧《欢乐颂》围绕几个女孩展开，其中邱莹莹自诩吃货，"三只松鼠"植入了邱莹莹的角色上，成为填充人物性格不可或缺的重要道具，因此获得了高频次曝光和情感联系。

5.整体植入

将品牌整体转换为背景形式，植入电影、电视或其他媒体中，与情节、人物、场景等深度结合，既不需要刻意呈现，但又随时呈现。

很多人都认为电影《我是路人甲》就是横店的专属广告载体，因为整个电影都围绕着横店来讲，描写了在横店奋斗的千千万万怀有梦想的青年。片子中的主角都是群众演员，他们的精彩演技和被业界认可的现实，让那些对横店充满好奇的年轻人燃起了去横店闯一闯的想法。

6.情感植入

借助一个能够激发观众强烈情感的事件，将产品恰到好处地植入电影、电视或其他媒体中，以引发所有人共鸣达到传播品牌的目的。

看过《速度与激情7》的观众都知道，整个电影最让人印象深刻的是片尾告别保罗·沃克及他的车的场景。沃克在拍摄该片过程中因车祸去世，震撼了整个演艺界，也伤透了粉丝的心。这部车是 W Motors 汽车公司在迪拜车展上发布的超级跑车 Lykan Hypersport 的量产版本，全球限售7辆，售价达340万美元。虽然看此片的大部分人没有能力购买这辆车，但对汽车品牌和生产厂商印象深刻。

找高段位大咖"站台"

　　为什么要请名人代言，就是为了增加品牌的曝光度和受众的感知度。而且咖位越大，对品牌传播的助益也越大。有人总结出，名人加持对品牌宣传的四大好处：

　　（1）名人能带来品牌热度。

　　（2）名人能提升品牌名气和传播范围。

　　（3）名人有机会盘活一个夕阳品牌。

　　（4）名人能带来意想不到的收获。

　　之所以有如此效果，主要原因是人们潜意识里的"名人效应"和"权威意识"。文体明星虽然不懂产品，但有名气，只需代言就够了；专家虽然名气辐射面不大，但权威性有说服力，也足够了。因此，做品牌推广往往离不开名人和权威，要在企业条件允许的前提下，结合企业和产品实际状况，邀请与自身品牌定位和企业气质相符合的大咖，借助其名气为品牌加分。

　　但也不能简单地认为只要有名人加持就一定会有效果，还要避免踏入三个误区，即名人与企业特点不符、配套机制与名人身份不符、名人行动设定与品牌内容不符。

　　耐克和阿迪达斯因为是运动类企业，旗下广告大咖多数是体坛巨星，他们的结合更有说服力。迪奥、香奈儿、兰蔻做广告则一直盯着好莱坞顶级女星，也是因为企业性质，化妆品总要和女神联系起来才能体现自身的价值。

　　同时要注意，企业给予名人的配套机制必须与名人的身份相符合，做到所有子项强强联合，才能造就令人惊叹的广告效应。几年前，有家地产企业邀请数位好莱坞大牌给楼盘剪裁，各类媒体宣传，可谓声势浩大，但现场简直惨不忍睹，荒凉的野外空场，一阵风刮来便尘土飞扬，土地上铺着起毛刺的红毯，穿着迷彩服的安保人员……不说了，辣眼睛。

还有的企业邀请名人做广告，但名人的身份和其设定的行为与品牌的产品无法关联，令人一头雾水。多年前，卡卡是足坛炙手可热的球星，做过一个金嗓子喉片的广告，卡卡娴熟地颠了几下球，然后笑呵呵地拿出一盒金嗓子。这次代言对于金嗓子喉片的品牌宣传有一定助益，但非议也很多。邀请一名足球明星代言喉片，根本搭不上界，起不到强化消费者记忆力的作用。当然，卡卡并不知道这是一种非处方药，他以为是糖果，所以，为了配合产品性质，他代言的时候笑得很灿烂。

关于误区的讨论到此结束，下面讨论怎样做才是正确的名人加持，我们剑走偏锋，从名人的数量切入。

1.一位绝对大咖加盟

很多人都认为名人越多，宣传效果就越好。但1＋1未必一定＞2，因为同等量级的多位名人，就形不成聚焦效果，无法聚焦就会分散，消费者会将精力转嫁到名人身上。

有一次去商场，恰巧赶上某珠宝品牌搞活动，邀请了十几位女明星，明星们段位相当，站在台上，身上佩戴品牌赞助的各类珠宝，对着观众微笑。观众热情很高，但明显都是奔着明星去的，显然这样的品宣活动无法获得最好的效果。

再看看优信二手车在北京举办的"The Great Uxin 优信之夜"活动，只邀请了奥斯卡影帝莱昂纳多·迪卡普里奥一位明星。"小李子"的粉丝激动不已，这样一位享誉世界的大帅哥就站在自己的面前，可以一饱眼福了。优信集团CMO王鑫宣布影帝正式成为优信品牌代言人，活动高潮瞬时到来。此后很长一段时间，"小李子"为优信代言都是热议的话题，优信也借此名声大噪。

2.一群名人分批次助阵

不是所有企业都能请来"小李子"当代言人的，有些段位不够的企业在邀请名人时，只能以数量取胜，集合一众中咖、小咖为品牌助力。但前面已经说了，名人多了会产生分散效应，影响宣传效果，但事情并非绝对，只要方法得当，名人的数量与宣传效果之间依然会成正比关系。具体实施时必须注意两个方面：

（1）名人给外界的直观感觉与品牌内容契合，才有助于品牌推广。

（2）名人的身份、地位、年龄不能差异太大，不能"一家独大"。

2017年12月初，腾讯游戏嘉年华落地成都世纪城新会展中心。前来助阵的名人被分为几个批次：

A批次——游戏界知名度很高的偶像人气主播零度和浪浪；

B批次——数位网红人气主播"与你一同狂欢"；

C批次——最重头的明星阵容，包括关晓彤、汪东城等。

此次活动非常成功，受邀名人与活动的主题很搭调，都是年轻的、积极的、阳光的，而且他们之间虽然行业不同，但地位差别不大，都是风头正劲的后起之秀。

信奉"1000粉丝定律"的社群营销

什么是"1000粉丝定律"？也称为"1000粉丝理论"，是社群的核心理论，由《连线》杂志创始主编凯文·凯利提出，因为长尾理论给消费者提供了更多的选择，但给创造者增加了很多竞争和压力，因此想要摆脱自己默默无闻和品牌销量疲软的现状，需要找到1000名铁杆粉丝。只要有了1000名铁粉的基础，品牌就能够生存下来，因为铁粉是绝对的消费者，是创作者或品牌的坚决支持者。当然，前提要建立在品牌货真价实，始终坚持用户至上的经营理念基础之上。

不要认为1000名粉丝的数量并不可观，凯文·凯利经过研究相关数据发现，铁杆粉丝每年至少会用一天的工资（平均值）支持创作者或品牌。按照目前的工资标准和消费观念，假设这个平均值为300 ~ 500元，1000名铁粉可以创造30万 ~ 50万的收入，足以养活一个小品牌或早期内容原创团队。

不可否认的是，挖掘1000名铁粉是非常困难的，但我们并非一定需要狂热的粉丝，其实只需要1000个对品牌认可的消费者或优质客户，也可以实现1000粉丝理论。

现实的问题是，罗马不是一天建成的，1000个对品牌认可的消费者或优质客户也不是一夜之间就能实现的，需要不断地积累，从1开始逐步完成。这就涉及社群的概念，从第一个用户开始，就要建立社群，并用心去坚定维护，经过时间的转化效应，就会有10个、100个、1000个，直至更多用户。

我所理解的社群，基于一个点——兴趣和需求将大家聚合在一起，组成社交关系链。因此，必须注意以下两点原则（见图3-4）。

社群是服务性，要以服务的态度经营，而不是以变现的态度经营。只要能服务好当下社群成员，口碑会帮品牌带来更大的积累和爆发，时间会帮品牌杀死绝大多数急功近利的竞争对手。

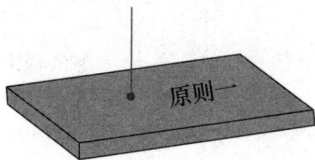

经营社群要有门槛，要收费，但绝不能卖，要吸引同频的人，吸引对品牌有认同感的人，吸引那些愿意付出、积极上进、有正能量的人。开启社群过滤机制，排除那些付费马上就要回报的人、只知道索取不知道付出的人。

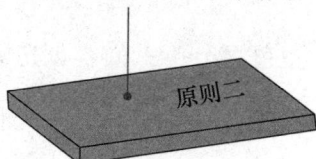

原则一

原则二

图 3-4　社群原则

社群是基于互动才有价值的自生式的生态系统，它既能满足成员的某种价值需求，又能给运营者带来预期内的回报。当加之需求和预期回报趋向和谐后，社群就步入良性循环轨道。从运营角度看，经营好一个社群，通常要满足以下四点要求。

1.满足主题的优质价值输出

某作者从2019年4月开始写区块链创新类文章，过了20天后，读者规模趋近1000人。此后该作者发布公众号，组建社群。三天时间，读者群内部有149人应召，随后封群。

该作者面向社群所输出的主题就是"区块链创新"，且一直围绕该主题更新文章。这个社群被作者定义为初级社群，进群门槛很低，只需认可作者文章，任意分享一篇到朋友圈即可。对该社群的经营，作者一直保持高质量的输出，最终从此社群中找到了8名合作付费用户，5个报名第三期写书训练营的学员，4个内容合作供应商，还有9名成员为作者介绍了新客户。

这是长期优质输出结出的硕果，作者从基础社群衍生出另一个高级社群，入群要求是：自己有在运营的公众号，并且订阅读者在一万以上，可以互推合作，投放广告。经过八个月的积累，作者团队先后发布了70万字区块链创新的原创文章，都是高质量的干货，读者数量翻了数十倍，在没有付费推广的前提下，靠优质价值输出，在各大平台上吸引了大量粉丝。太多人唱衰公众号，凭借认真创作＋真诚分享的态度，实现了1000粉丝定律要达到的效果。

2.社群领袖发挥灵魂作用

社群的角色可分为：内容创造者、搜集者、评论者、参与者、围观者、潜水者。他们各自的诉求不一，既相互影响，又相互转换。比如，评论者可以带动潜水者变成参与者；再如，搜集者、评论者、参与者、围观者、潜水者因为某些因素互换身份属性。

因此，在社群运营时社群领袖必须懂得有针对性地对待不同角色成员，如为创造者提供思考的资源和刺激性元素。为搜集者提供有价值的干货知识，为评论者提供可以评论的话题，为参与者营造随时随性参与的氛围，为围观者创造看热闹的场面，允许潜水者悄无声息地按自己的节奏操作。

社群领袖需要同时具备多种身份，可以是意见领袖，可以是思考者，可以是组织者。一个社群未必只能有一个领袖，因为社交媒体具有天然渠道的魅力，集合了一群有温度、有情怀的人，如果两三个领袖可以更好地激活群成员，有助于碰撞出更有深度的内容火花，也是一种很好的状况。

3.设立行之有效的管理规则

无规矩不成方圆，用在社群上也是如此。社群的最高境界是"全民自治"，但这种境界的取得需要建立在高度磨合的基础之上。尚未达到这种境界的社群仍然需要"人治"，用以辅佐"自治"。

既然是"人治＋自治"就需要制定出有效的管理规则，即统一的、严格的、被高度认可的群规，可以总结为五点（见图3-5）。

邀请制：群主或管理者邀请入群的社群
任务制：必须完成指定任务进群的社群
申请制：主动申请才能进入的社群
举荐制：群内成员推荐才能进入的社群
付费制：花一定费用才能进入的社群

加入
规则

①帮助群成员快速建立社交关系
②禁止群内语言暴力
③禁止群内发布违法乱纪信息
④不聊与本群无关的话题
⑤未经允许，群内禁发广告

交流
规则

①统一群名称格式
②设置进群欢迎语，群公告等
③提前通知群成员群内规则

入群
规则

淘汰
规则

定期：定期淘汰不符合规则的成员
定额：社群人数设定上限
定分：积分方式淘汰分数最低者
定规：不遵守规则的人一律踢出

模式一：群主和群管理定期分享干货
模式二：邀请大咖定期进行群内分享
模式三：群内轮流分享，但要控制主题

分享
规则

4　2　1　3　5

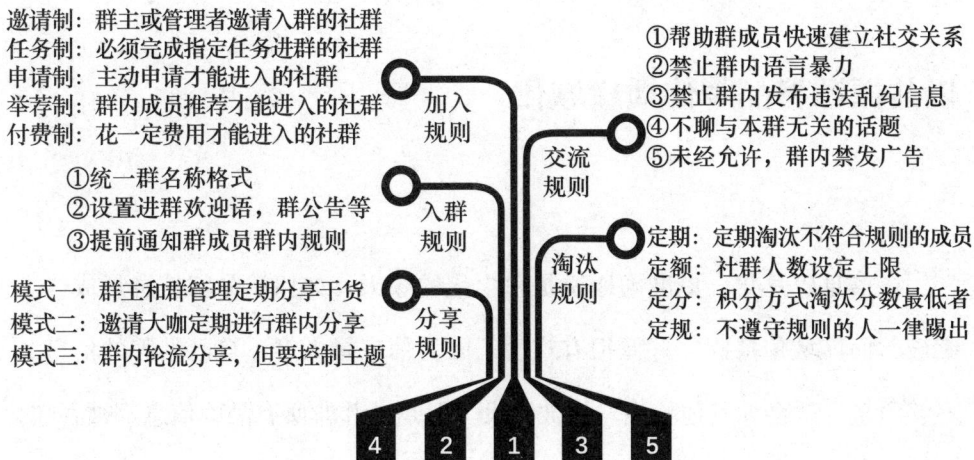

图 3-5　社群规则

4.策划高质量的线上线下活动

活动能迅速催化社群的"温度"，活动能让群成员有参与感，活动能让群成员对品牌产生情感。

策划的活动需要结合社群的定位，有针对性的主题和满足成员的诉求。活动不可强求，本着自愿参与的原则，毕竟成员的想法和诉求不同，参与的积极性也有所不同，更不能以参与活动的次数来界定成员的价值和对社群的忠诚度。

活动要有几种核心玩法，可以调动参与者的情绪，增强彼此间的关系度。比如，在任何类型的活动中，线上的微信红包接龙互动屡试不爽，因为没人跟钱过不去，参与热情总是高涨，因此要好好利用。

线下的各类交流活动更是维持社群关系链持续发展的重要一环，毕竟面对面的沟通体验可以迅速拉近群里成员间的关系，通过真实场景强化社群的存在感，加深关系链的沉淀。

总之，组建社群的根本是为了营销，而营销的核心在于"裂变"。原本品牌和消费者的弱关系，可以通过社群变成强关系，再通过一个社群渠道裂变到多个社群中。

以共振源将品牌传播广域化

在信息碎片化，更准确地说是粉尘化的今天，如何让品牌信息形成炸点突破，而广域传播呢？好像很有难度，因为信息量太多，自己品牌的信息又不够质量，就会如其他粉尘一样被淹没。但是，并非所有品牌信息都被吞噬，有一些就在浩如烟海的信息中脱颖而出，成为被大量传播的炸点信息，从而形成广域传播。那么，这种品牌信息是如何打造出来的呢？在对爆红品牌进行深入分析，发现他们都并非"自爆"，而是寻找到能够与自己共振的热点，进行捆绑之后，将品牌带成热点。

1. 与社会热点事件相融

与社会热点事件相融是最容易使品牌突出等候序列，实现提前突围的方法。把品牌信息与当下很受关注的热点结合起来，让分散的媒体主动关注，借助媒体的力量实现与热点事件同步传播。

很多在全媒体全渠道被引爆的品牌，本质上都采用了这种模式，利用人性对时间的基本看法，如生活压力、贫富差距、爱憎情绪等，进行故事化的场景设置，然后借助媒体进行传播。也就是说，事件本身的"共鸣性"引起消费者关注，最后形成引爆现象。

比如，微信公众号"新世相"在2016年7月8日策划的一个"4小时逃离北上广"的活动，前30位赶到北上广三地机场的人会收到一张未知的免费机票，可以前往30个目的地。此次活动当天至少为"新世相"带来了116万阅读量，"10万＋"涨粉。活动开始2小时后，"4小时逃离北上广"的微博话题阅读量达1322万。

2.结合轰动性的娱乐事件

在任何国家，娱乐事件总能引发人们的关注，一些影响大的事件或节目甚至能形成全网讨论的"共振效应"。可以将共振式娱乐产品当作一种传播载体，将品牌要传达的内容植入载体中，借助共振产生的排他效应进行传播。

即便是没看过《爸爸去哪儿》的人，也会知道这档真人秀节目，当年持续造成了娱乐类垄断性收视率，伊利QQ星抓住机会拿下独家冠名权。《我是歌手》是另一个影响力巨大的节目，由此产生的话题热点非常多，立白洗衣粉巨额花费获得独家冠名权。

类似这种捆绑一线娱乐节目，实现了同一个事件节点与立体场景下的"共振式"传播，最终达到引爆的效果。

3.创造一个共振源

借助共振源很常见，借好的威力我们也都清楚。但若能变"借"为"创"，威力必将大增N倍。因为借力是借助其他热点，热点消退后，所借之力也就消失了，而且也没人在回忆热点时再想起品牌。但创造就不同了，所创的共振源与品牌关联，无论什么时候想到该热点都会关联到品牌。

每年支付宝的"集五福"你参与吗？我想回答"参加"比回答"不参加"的人要多很多。参加的人中大多数都不是为了"大奖"，而是一种参与的热情。

创造共振源就是要创造一个超级话题，让大众主动进入话题中，积极参与并传播。支付宝采用的方法是借助游戏或类游戏玩法，因此"集五福"被看作是"游戏＋"消费。但该类游戏本身不是主打消费行为，而是建立在支付宝整体上的推广行为。通过这种形式，用户在游戏中不知不觉地增加了自己与产品的联系，并且每个人都成为进一步推广的原点。

第四章

文案和故事是传递品牌的好声音

　　想要品牌高效高质裂变，离不开文案，一句好文案和一个好的故事能给品牌增加无形的传播支点。许多用户对品牌记忆深刻，就是因为品牌传递出来的情感是入心的，给了自己一个参与并分享的理由。其实用户的心理并不复杂，他们想要的文案、想听的故事能够与其引发强烈的共鸣。

对文采的终极考验是转化率

写文案不是卖弄文采，而是要形成转化率。转化率高的产品，除了产品本身突出外，也说明宣传推广做得好，消费者将有意购买升级为实际购买。

一个失败的文案，注定不会带来好的转化效果，因此能不能保障转化率是衡量一个文案是否成功的核心标准或唯一标准。相信任何企业都不会雇用一位没有转化率的文案作家，那些不以实现高转化率为目标的文案都是无用的。文案的创作必须有一个可衡量的目标，不能是"增大品牌知名度、美誉度"这类的模糊标准，而应是"引发讨论，诱导参与"这样的切实标准。

下面，给出几个提高文案转化率的方法。

1.提高文案准确性，使用户可感知

文案用词必须准确无误差，只有做到极其准确，用户才能第一时间感受到文案想要传达的核心意思。

有两个人为一家淘宝店铺撰写的品宣文案：

A文案——"这10条运营秘籍，让他们的淘宝店月入百万"。

B文案——"让淘宝店日进斗金的运营秘籍"。

请问：这两个文案哪个更好？

答案是A。因为A更准确，一句话给出了三个准确点，分别是："10条运营秘籍"，让用户有了一定的了解；"他们的淘宝店"，有明确的指明；"月入百万"，明确目标有利于激起用户的浏览欲望。

文案创作的终极目的是，如何通过文案将原本市场不熟知的产品和服务推出去。表达准确，让市场得到清晰的声音，是好文案创作的第一步。

2.空间感，场景化，故事性

好的文案能在观者大脑中留下故事和场景，以此来提升观者的认可度，最终转化为实际的购买行为。

比如，"一些食物组合在一起真的可以在胃里'爆炸'"。乍看之下，被吓了一跳，吃到肚子里的食物还能爆炸？大脑立即出现画面感：胃内装了很多食物，它像一个化学器皿开始冒气膨胀，最后爆炸了……然后一个人痛苦倒下，陷入昏迷，被送到医院……

这是一次让人不那么愉快的场景想象，但无疑文案是成功的。一家食品企业利用文案吸引到大量关注者，企业在制作的视频中详细讲解了胃部如何工作和出现各种问题后的症状，另有观者记忆深刻，同时也记住了这家企业生产的美食。

这种具有煽动性和刺激性的文案，一定比那些富有诗意文采的华丽装饰句子，更能激发观者的好奇心和感知欲，企业便达到了品牌宣传的目的。

3.接地气，让每个人都与品牌产生交集

好的文案一定是接地气的，辞藻华丽的文案如果没有表达品牌真正的气质和价值，是没有意义的。比如，"让你的手在24小时内更完美——否则全额退款。"这是一款手部护肤品的广告文案，看起来挺有意思，但它要表达什么呢？怎么才算更完美？只需24小时手就脱胎换骨了？总之有些让人摸不着头脑，不接地气，也就无法打动消费者。

接地气其实没有多难，放弃华丽，拾起朴实，真心实意地表达就可以了。就像京东这句文案"发家致富靠劳动，勤俭持家靠京东。"多么朴实，一句话就传递出京东商品是货真价实，性价比很高的。

4.紧抓卖点，把新兴产品变成爆款商品

世界级营销大师丹尼尔·肯尼迪说过一句经典名言："卖点能把产品变成商品"。结合卖点的文案创作，需要从多个方面切入。

（1）说明用户需求。文案的首席作用是表明品牌产品与受众需求之间的关系，让用户看到以后能够产生共鸣，"我现在就缺这样东西"或者"我被××问题困扰好久了！"

（2）说明具体信息。对品牌的主要信息加以必要说明，不是说出全部信息，好文案不追求大而全，而是争取少而精。

（3）说明使用事项。告诉用户如何使用才能发挥产品的最大功效值，要结合产品，有些产品必须有使用说明，有些产品则不需要。

流量级文案就是一句话

好文案，其实一句就够了！这句话你认同吗？其实，这已经成为文案界的共识，那些被封为经典神作的文案，往往只有一句话。比如，"钻石恒久远，一颗永流传"，相信你一定听过，这句话几乎全世界的华人都知道，这就是好文案的能量。

像这样传世级的文案，仍然是罕有的，但经典级的文案却有很多，同样也是一句话暴击人心：

"别赶路，去感受路。"——沃尔沃

"哪有什么天生如此，只是我们天天坚持。"——Keep

"看过世界的人，最想回家。"——乐居

"除了汗水，什么水都不要浪费。"——耐克

"别说你爬过的山，只有早高峰。"——MINI

"最懂你的人，不一定认识你。"——豆瓣

……

只有在心灵的深处，用最深刻的语言打动消费者，消费者才愿意在看完文案后对品牌产生兴趣，甚至对产品心生依赖。那么，如何打造一句话经典文案，有什么好的方法可供参考吗？

1.简短的力量

想要文案成为经典金句，简短是要素之一。记住：能短尽量短，不能短想办法缩短；能用9个字，就不用10个字；能用词组，就不用成语。

不要总是想，简短的文案用户看不明白怎么办？那只能说明没写到位，真正的经典文案，用户一看就能明白其中的含义，如"别赶路，去感受路"，算上标点才八个字，属于极限版简短文案。

如果你问：几个字能表达什么？这句文案就是答案，它能表达的太多了，而且是只需意会，无须言传的表达。如果一定要为这句文案释义，就说说我第一次看到这句话的心理感受吧！我从中能够读到企业的用心，也看到了自己的辛苦不易，是不是需要放下暂时疲惫，去感受生命的灿烂呢？如果说走就走的话，我该选择沃尔沃伴我上路。

这就是文案金句所传达出来的境界，短短的几个字、十几个字，根本无法完整表述品牌，却可以表达出品牌能带给人们的感觉。

2.类比的效果

"Sizuru感"——日本地产界经常使用的形容词，就是通过刺激人的五感调动对文案内容的关注。关于如何调动五感，可以用类比的方式。

"静得让您耳根清净。"——松下电器

"慈母心，豆腐心。"——中华豆腐

"世界上最重要的一部车是爸爸的肩膀。"——中华汽车

类比是一种神奇的方法，能让人快速明白文案想表达的意思，还能从对比中感受到强烈的冲击。

当"静"与"净"相遇，松下电器的"静"就得以凸显，让用户更容易接受。

当"慈母心"遇到"豆腐心"，谁还会怀疑中华豆腐的柔软程度和细腻程度。

当"车"对比"爸爸的肩膀"，中华汽车的可靠、舒适、亲切已经彻底

"暴露"。

这就是类比所要达到的效果，让一种明明需要费很多唇舌才能说明白的事情或者状态，在轻轻的对比中立即清晰起来。

3.数据的威力

在文案中加数据，这是一种额外的辅助方法，可以让文案看起来更具诱惑力和切实性，增加文案受众的传播量。加数据需要注意准确度，须保证具有实际意义和经过验证的，不能凭空胡编，如"3秒钟改变人生""只需7天变身小腰魔女"等。如果数据具有真实性，且经过验证，数据的威力便会显露，比如"从220斤减到140斤，我只做了一个动作"，这句文案让大家相信，只要长期坚持，减肥绝非幻想。

数据除了要具备真实性和经过验证外，还有一些具体的要求。

（1）要包含情感。数据本身只是一串数字，散发着枯燥的气息，比如"创业3年，我给父母买了300平方米大别墅"，看起来亲情满满，但仔细品嚼就是一篇励志文章。如果给数据加入情感，味道就不一样了，比如"人生不过76000顿饭，总有一顿让你热泪盈眶。"

（2）要与卖点相关。数据不是只需罗列就有效果的，比如"这个学校用200节课，300个案例，让我的工资涨了不少"，很显然涨工资才是卖点，却没能得到体现，不妨改成"在这儿学习3个月，工资涨一倍"，一倍的工资对于普通上班族足够有吸引力了。

（3）能量化的指标。有句文案是"小米的营销攻略，都在这篇文章里了！"其中除了小米，毫无刺激点，如果换成"小米创造300亿利润的秘密，都在这72页PPT里了！"立即显得干货满满，势必吸引用户眼球。我们必须清楚，数据能给人以指引的作用，没有数据就无法指引，用户也会陷入迷茫。

找准确立文案主题的切入点

上节讨论一句话经典文案的创作，但不是所有文案都是一句话的，很多时候是需要长文案的，那么要如何写好长文案呢？

对于长文案的撰写，重中之重在于主题的拟定。可以说，标题是长文案的灵魂，能在最短的时间为文案定下基调，渲染出感情。总之，高质量标题往往能决定文案的吸引力指数，也决定了文案的传播指数。

信息泛滥的当下，文案吸引读者注意力的时间只有短短几秒。正如广告教父大卫·奥格威所说："阅读标题的人数是阅读正文人数的五倍。除非你的标题能帮助你出售自己的产品，否则你就浪费了90%的金钱。"

人们不愿意阅读正文的根本原因，就是标题没有吸引力。我们都有阅读的经历，如果一开始都未能吸引自己，凭什么还要继续往下读呢？面对文案也是如此，标题让我好奇，就可以继续读，否则就像对待垃圾一样当时就丢弃了。因此，只要能满足人们的好奇心，文案就能产生吸引力。那么，用什么方法能让文案标题激起人们的好奇心呢？

1.制造冲突

这里的冲突是类似喜剧冲突的风格，通过刻意营造，起到博眼球、引起外界注意的作用。可以分为以下三种形式。

（1）爆点新料。写文案常用的技巧就是"新"和"奇"，借此打破人们对常识的认知，让文案标题从众多同类中脱颖而出。苹果在2016年4月发表一篇名为"苹果新专利暗示MacBook会取消物理键盘"的文章，其中就"透露"

了对键盘的革命。

（2）反向逻辑。与常规相反的总是很多震撼力和冲击力，能最快吸引大众目光。但是，反向必须建立在正常逻辑的基础上，不能强行反向。比如"这家3平方米小店儿，凭啥一年赚3亿元？"多么朴实的一句话，却蕴含着强烈的对比，3平方米和3亿元好像怎么也挨不上，但现实中就是出现了这样的奇迹，你要不要了解下！

（3）巧用争议。能引发争议的事物总是能吸引人们格外注意，文案标题也可以加入争议，一方面冲击阅读者的内心，另一方面引起阅读者的思考。前几日看到一则文案标题"与其找老板谈加薪，不如努力提升自我"，这类标题有一种"自己找亮点"的意思，用对立的话题形成争议，虽然有点冒险，但实际效果总是很不错。

2. 请说"人话"

所谓说人话是让文案以质朴的味道散发出来，给读者带去朋友般的善意。其实及时要求标题不能拗口，不能太文，不能太晦涩，也不要太长，尽量去书面化，增加些口语化。可分为以下两种形式。

（1）直击痛处。能引起阅读者兴趣的文案，总是与其当下的心境和状态相关，如果能确定针对的目标读者群体是怎样的状况，就可以毫不留情，垂直打击。比如，"你那不是穷游，是穷浪……"，一个"穷"字就会击碎很多人的玻璃心，这样的文案标题让人痛并快乐着，还能继续看下去。

（2）重点前提。文案标题的意义是要向外传递出最关键的信息，以吸引大家阅读，因此要将重点前提，让人欲罢不能。有一则文案标题是"据说自媒体面临'生死存亡'？这里有一些冷静的形势分析"。乍看起来，"生死存亡"好像很吸引人，但在信息泛滥的当下，这类词汇已被用烂了，人们有了免疫力，但人们对如何能避免死亡的方法还是有兴趣的，因此此文案标题应改成"新规出台，自媒体行业真的够呛了！"干净利索地呈现了重点，引发读者关注。

3.引入噱头

写文案需要引入噱头，以便更加引人注目。对噱头的要求是：足够料，有看头，够劲爆。但不能在标题中露底呈现，要营造一种雾里看花的状态，让读者在思考的同时主动选择继续阅读。可分为以下三种形式。

（1）制造迷惑。用一句文案标题，引得人们浮想联翩。比如，"雷军，原来你这么表里不一。"猛然看到，还以为雷军出了什么丑事呢？好奇心驱使我继续阅读，想看个究竟。原来是小米9手机在巴塞罗那的发布会上品宣的过程中，雷军与王源共同介绍了小米手机的高性能，也让人们感受到"60后"与"90后"的思想碰撞，以及感受到雷军的厚道和职场态度。

（2）引入名人。这一点不用多说，有名人就意味着有流量，比如"×××只用这款手机！"或者"前些天与××进行对谈，现在居然这样了！"这样的噱头加入，都会引发人们的阅读欲望。

（3）营造神秘。在标题中加入一些神秘感，这样的标题不需要太多修饰，但要让人一看到标题就产生一定要看下去的想法。比如"你一定不知道，百度、美团、京东、网易居然是这样招人的……"

4.直踩心窝

直踩心窝着重描述让人们感到不安、难受，以及不尽快解决将带来更严重的后果。这种文案标题写法很适合针对目标人群是有普遍焦虑心理或者有非常急迫痛点问题的内容，其实还是利用读者的各种心理来吸引其眼球。可以分为以下两种形式。

（1）两段式。前半句描述痛点问题，后半句描述严重后果。比如"不主动思考？怪不得你工作3年还比不过应届生！"前半句是"痛点问题＋关键词"，后半句是略带夸张严重后果的描述。

（2）反问式。如果所针对的关键性问题痛点十分明显，能够轻易让许多人产生共识，可以用反问句形式让读者瞬间脑补出问题的严重后果。比如"你多久没有看完一本书了？"并未写明严重后果，但谁都能瞬间感到问题的严重性，我现在看到这条文案，仍然觉得如芒在背……

5.对号入座

让读者觉得文案中所描述的状况与自己有关系，于是继续阅读下去的欲望就增强了，甚至会产生不阅读自己将错过很重要的东西的感觉。可以分为以下四种形式。

（1）让用户主动思考。就是用一句话在最短的时间内唤醒读者对某类状况的思考。比如，"你现在只有一份工作吗？"谁看到这句话都会想想自身状况，然后就会对内文产生兴趣。

（2）让用户产生共鸣。共鸣就是与读者内心的接轨，那么就要明白读者内心的渴望和恐惧。有一句文案标题是"未来10年职业生涯，你必须拥有这4种新的核心能力"，谁都知道能力的提升对自己有帮助，但同类型文章太多了，怎么相信你提供的4种能力就是关键的，怀疑一旦产生，结果一定是糟糕的。如果改成"想赢得下一个10年，你必须拥有这4种全新的核心能力"，对比之前多了"赢得"和"全新"，每个人的内心都希望自己尽可能多地去赢得，而不是失去，以"赢得"开场定会引发读者共鸣。"全新"能力的描述方式则会加深读者对内容的可信度。

（3）为用户设置悬念。设置悬念不能是凭空，应结合真实的场景，让用户从场景中自己解开悬念。比如"做了3年Ctrl＋C、Ctrl＋V后，才知道什么是真正的产品运营……"大多数媒体运营人员都经历过很多"Ctrl＋C、Ctrl＋V"重复的劳动，所以有很强的场景带入，会更加渴望摆脱重复劳动，成为真正的产品运营。

（4）让用户感受力量。如果标题能给读者带去希望，甚至让读者认为只要读过全文自己能有所增益，这样的标题就是成功的。比如"真正从底层逆袭的人，哪一个不是脱层皮、掉身肉！"谁都知道逆袭是很难的，但人人都想要逆袭，既然有人逆袭成功了，自己不妨看一看，学一学，说不定对自己有帮助呢！于是，文案的阅读量就增多了。

真实的文案让用户想忘也忘不掉

看过很多好莱坞电影，最终能留在脑海里的剧情多是真实的故事，比如《绿皮书》《当幸福来敲门》《无法触碰》《美丽心灵》《辛德勒的名单》。

真实的事情本身就可以给人感动和震撼，当白人托尼真诚地拥抱黑人音乐家唐谢利、当克里斯·加德纳带着儿子躲在卫生间里过夜、当看到一度自暴自弃的德瑞斯与残疾富豪菲利普的相互支撑；当老年纳什终于与自己的精神分裂症和平共处、当辛德勒攥着胸口的金徽章痛苦地说"这也是两条生命"时……我们不讨论这些场景，只想说真实的事情带给人的意义太过深远。

现在回到文案上，真实是文案能够生存和传播的关键一环。不要轻视大众的智商，真与假其实没那么难分辨，真实的事物可以冲击心灵。但很多文案似乎并不在乎这一点，往往从第一句就充满"欺骗性"，希望以莫须有的炸点来吸引用户。但人们总是能看出文案的不真实性，并能透过文案看到企业不真实的一面。记住：没有真实性的文案不仅没有说服力，还会形成反噬效果。

也有一些文案明明加入的是真实事情，但呈现之后的效果却是不让人相信那是真实的，通常就是描述的问题。那么，要怎样做才能让真实的案例更具信服度，让读者看到后想忘也忘不掉呢？

最重要是要做到描述的过程必须真实，避免文案存在"空壳真实"问题，就是事情本身是真实的，但描述的过程中充斥着各种不真实的夸张，最终导致事情由真演变为假。

其实，真实的事情之所以能打动人心，就是因为那份真实，最真的东西也是最有说服力。

其实，真实的事情之所以能打动人心，就是因为那份真实，最真的东西也是最有说服力的。当然，不是说描述中必须100%地忠实于事件，可以进行一些不影响大局的加工，就像那些优秀电影做的那样。艺术源于生活也高于生活，如果将文案也看成一种艺术形式，以真实的事件切入，以真诚的心态描述，会让文案散发经久的光辉。

多年前，豆瓣上有一篇非常火的关于学习西班牙文的软文，不仅影响了豆瓣上众多想要学习外语的朋友，也激励着那些一直在努力的人，只要为了目标持续不断地付出，就一定会获得收获，当那一天到来的时候，会感觉人生就是美好的。

这篇软文能够火起来，不在于文笔，而在于真实，流露于字里行间的真实和真心，作者将自己的亲身经历和心路历程原原本本地写出来。

以下是该软文原文：

"我一个皇家马德里女球迷，迷恋劳尔，是可以为皇马熬夜看球的真球迷。我有一个梦想，就是去马德里伯纳乌球场看皇马的比赛。

我高中就曾经给劳尔写过信，但是那时候不会西班牙语，所以就用英文写了一封信给他，告诉他，他影响了我的生活，我的一切。如果哪里还有劳尔的球迷，也可以写信给他，地址如下：

Raul

Real Madrid

CF Estadio Santiago Bernabeu Avda

Coucha Espina 1Es-28036

SPAIN

那时候我真不抱什么希望可以得到他的回信，结果，在我差不多忘记的时候，收到了意外的惊喜，我真的收到了一封来自西班牙的信件，信封用英文写着我的地址，里面是一堆的西班牙语，写得非常艺术，而且还有皇马的全家福，里面是全队的签名，还有劳尔的签名，这是我唯一看得懂的西班牙语单词，真的是。

可惜，那时候我不会西班牙语，所以我下定决心，不去找别人翻译，要靠自学学会西班牙语。就是这股强大的动力才让我有如此的决心。

到了高三，我已经掌握了一定的词汇，不过语法没有系统的学习，所以还是没有到达比较满意的程度，再加上高考的压力，我学习西班牙语的计划不得不推迟。

不过很不幸，我没有考上西语专业，所以在大学期间我又得自学西班牙语，但是在学习过程中，我遇到了很多的"瓶颈"，比如缺乏练习partner，没有语言环境，没有导师指正自己的发音跟语法，我曾经想过放弃，但是为了圆梦我的马德里之旅，为了看懂偶像劳尔的回信，我要坚持。

后来大学的第一个男朋友在我生日的时候送了我一套西班牙电影合集，他真是太了解我了，原来是他托在e-Bay广交会认识的外国朋友买的，很感动，也很感激，因为就是这套电影，让我在学习西班牙语的痛苦过程中得到了转折。虽然我现在已经跟他分手，但是他送我的这个珍贵的礼物，我还一直珍藏着。

我生日当晚，跟男朋友一起打开他送的礼物，里面是几部DVD，我挑了一部《海之声》，真难为他了，要跟我一起看，因为他根本看不懂西班牙语，我说我们看西班牙语字幕吧，他说好啊。我们被唯美的剧情吸引了，虽然那时候我也不能够完整地看懂，但是很享受。

到了第二天，我又看了一遍这部电影，不过是切换到英文字幕，我总算了解了大概的剧情。之后我就着迷似地，用西班牙语字幕再看了2遍，很意外，因为我看第四遍的时候居然可以在一些高潮片段脱口而出里面的台词。于是我继续看了一遍，有意识地跟读对白，然后又是一遍，我差不多可以一整部片都可以不用看字幕就一直伴随影片角色跟着轻声读台词，看完6遍后，我发现自己的音调跟发音已经渐渐地有了那种味道，虽然还没有到达可以直接交流的能力，但是我学习西班牙语的自信心已经很强啦。

后来我又坚持了几遍，发现自己已经可以不看字幕就能够跟上电影的对白，并且有一些对白可以熟练地说出来，想不到存在了3年的心理障碍，就这样被攻克了。

大概花了2个多月吧，我认认真真地把我男朋友送给我的电影看完了，每部都是看好几遍，那个时候我自己都不敢相信，自己的西班牙语已经突飞猛进。哈哈，我觉得要坚持下来是挺不容易的，在这个魔鬼训练中，不仅仅提高了西班牙语，还充分了解了西班牙国家文化，当然我已经可以轻易地翻译劳尔给我的回信了，这整整花了我三年多的时间。

现在真的觉得学习西班牙语是需要坚持的，但是方法也很重要，有好的方法可以让你事半功倍，再看看自己现在的现状，觉得当时学习西班牙语真的很值得。现在我已经在办理签证了，希望国庆之时可以实现自己的马德里之梦。

贴一下劳尔的简单朴实回信中文版：

您好，Jane，谢谢您的支持，皇家马德里队爱所有的球迷，为了表示感谢，赠送我们全队的合照，有我们25个球员的签名，谢谢您对皇家马德里付出的一切。

劳尔·冈萨雷斯"

你可以将这篇软文看作是作者学习西班牙语过程的分享，但其实这是作者"销售原版西班牙语电影系列套装"的预热。从第一段开始这篇软文就非常吸引人，因为是那么贴近人性。其中作者学习西班牙语的事情是真实的，给西班牙球星劳尔写信是真实的，利用西语电影学习西语也是真实的，只不过看西语电影对于学习西语的助益没有文中说的那样大，但作用是一定有的。只是劳尔究竟有没有给作者回信，就不得而知了，但谁又计较这一点，因为文章就是真实的，就是令人感动的，很多人阅读完甚至流下了眼泪。

其实学西班牙语的人，大部分都很有消费能力，不是准备出国的学生，就是做外贸生意的人，总之对自己的未来非常愿意投资。由于这篇软文被大面积转发，多个平台加精，很多想要系统学习西班牙语的人都知道了这个商家。

故事传播的"叙事者定律"

《神奇动物在哪里》出版后，不仅哈迷疯抢，很多非哈迷也加入抢购队伍，J.K.罗琳的又一本超级畅销书诞生了。写魔幻故事的绝非J.K.罗琳一人，为什么其他作者的书不被"抢"呢！大部分是内容质量不行，但其中一定有一些内容质量是很不错的，但因为作者名气不够，导致其作品的传播受阻。

企业宣传自己的品牌也会遇到类似状况，因为企业名气不够，品牌难以广泛传播。而同行大品牌就能很轻易地将品牌信息传递出去，并能很快得到消费者认可。但不是所有企业都是大企业，不是所有品牌都是大品牌，品牌故事宣传要站在普遍化的角度，拿出任何规模的企业或品牌宣传都能成功的方法。在此推荐一种非常好的方法，消费心理学上定义为"叙事者定律"，即借助各类叙事者为自己的品牌搭建故事，并进行广泛化传播。那么，"叙事者定律"具体的操作方式有哪些呢？

1. 代言人讲故事

这是最普遍也是最常见的讲故事方式，通常企业会邀请名人（通常是名气大或形象好的）来帮助自己的品牌讲故事。名人讲故事总会受到用户的追捧，而且追捧的时间会持续很长。

比如，顶级时尚品牌迪奥联合好莱坞女星查理兹·塞隆讲述的一段精美绝伦的香水故事。塞隆是世界影视领域的一颗明珠，被誉为南非美钻，两界奥斯卡女主获得者，由她来讲述迪奥的故事再合适不过。

再如，喜临门家具企业邀请巩俐讲述"美丽是睡出来的"故事。巩俐是中国电影界的骄傲，是国际巨星，被誉为最美的东方人，美国《时代》评价她是："不屈不挠中国的代言人。"因此，当她出现在电视荧幕中，向用户讲述喜临门床垫的故事，才更加有说服力。

2.创始人讲故事

企业创始人为自己的品牌叙事代言，已经成为新常态，当消费者通过任何媒体途径看到企业家讲述企业品牌故事，关注度和传播效果都会增加。这就是为什么"企业如何包装CEO"一再成为中国知名商学院EMBA学员必须学习的课程的原因。

创始人讲故事可以分为两种，一种是自己讲，另一种是联合讲。

（1）"我是陈欧，我为自己代言"。2012年，这句广告词以炸裂的方式火遍大江南北，带火了陈欧和他创立的聚美优品。陈欧作为企业CEO，凭借年轻朝气的形象，征服了消费者，因此有人说他是网红带货的鼻祖，开创了网红的极盛时代。

（2）你是否记得有一则广告，是两位商界大咖只闻其声不见其人的对话，A问："听说中央空调不用电费？"B答："是的，用太阳能。"A又问："那我每年可以节约电费10亿元？"B答："格力光伏直驱变频离心机，全球原创，不用电费。"看完后您已经知道了，这是格力集团的一则广告，其代言人是董明珠和王健林。作为格力集团的掌门人，董明珠不仅亲自上阵，还邀请大量使用格力空调的万达地产创始人王健林共同发声，借助万达切实的使用体验，广而告之。

3.优质用户讲故事

对于品牌和产品而言，谁来讲故事最能打动人心呢？不是名人，不是创始人，一定是用户。可以通过以下两点进行解释。

（1）用户与品牌之间的关系是对立的。用户从最初接触品牌开始，一定是带着质疑的态度，此时的用户与其说是消费者，不如说是质疑者和批判者，会对品牌的不足快速表达不满，甚至会夸大。因此，如果品牌不能让用户感到满意，结果将会很糟糕，用户也会出去宣传，不过是负面的。

（2）用户与品牌没有利益牵扯。这里的利益不是指买卖过程中发生的金钱交易，而是用户没有因为使用产品而产生其他的利益。因为用户不是品牌的代言人，不会因为为品牌发声而获得利益。用户说品牌好，也不会得到什么，都是凭心而说。感觉使用效果好，就进行正面传播，认为使用效果不好，就毫不客气地负面传播。正是因为没有利益瓜葛，用户的话才让人可信。也只有品牌真正地让用户感觉到好，用户才会愿意成为品牌的传播者。

用"背景故事"创建品牌故事

没有人会拒绝一个好故事，因此故事是内容营销的重要组成部分。定位企业的品牌，并设计一个重要的故事，并利用故事传达品牌的特征、优势和属性。所以，品牌的背景故事是非常重要的，那么您的品牌故事对于品牌的塑造和宣传能起到多大的作用呢？要想解释这个问题，首先要明白什么是背景故事？

梅里亚姆－韦伯斯特公司对背景故事的定义是："为电影或电视节目中的虚构人物创造的历史或背景。关于一个真实的人或事物的相似地背景信息，促进了对它的更充分的理解。"

这条定义最初是为影视作品的人物做出的，逐渐被其他领域应用。应用与品牌相关，好的背景故事成为塑造品牌的好方式。

1.在故事中追溯起源

"你能听到的历史，142年（1877年留声机发明）；你能看到的历史，180年（1839年照相机产生）；你能品味的历史，446年（1573年国窖窖池兴建）。"

对于这则广告，大家并不感到陌生，除了开口脆的声音外，还有独特的广告模式，三个短句直接追溯到品牌的起源！国窖是一家有着四百多年历史的老品牌，是中国酒品历史的代表之一，这种表述增加了品牌的厚重感。

2.让读者融进故事中

"一生情深似海，爱到春潮滚滚来，五粮春光灿烂，香醉人间三千年"。

"明月清风相思，丽日百草也多情，康美情长相恋，你我写下爱的神话。"

"天堂飘来的云，江南洒下了雨，西方梦绕的情牵，东方朦胧的思恋，隆力奇这美丽的传说，世界的传奇，传说。"

上面三段话是优秀企业广告歌曲，歌曲的场景都风景如画，将企业与歌曲内容完美结合，令观者感到身临其境又难以忘记。这就是背景故事所能展现的威力，将读者牢牢带入进去。我想任何人看到那样美轮美奂的故事后，都希望自己也是其中一员。

3.记录感受，写下情感

情感是理想营销和品牌故事的基石，因此好的背景故事是一定要有情感的，并能让人真切地感受到这份情感。

德国商人彼得·多伊奇30多年来一直经营着葡萄酒和烈酒生意，是葡萄酒分销商和进口商。对于自己的品牌，多伊奇说了一个故事：

"一天晚上，塞伦迪普在康涅狄格州的一家餐厅里把我们聚在了一起。我那时读完了吉姆最畅销的书《永远在我身边》，吉姆碰巧提到了他一直有从事葡萄酒生意的愿望。我们很快发现，我们对葡萄酒有着共同的热情，都对自己的父亲怀有深深的敬意，父亲是我们最好的人生导师。随着时间的推移，以及许多集思广益的聚会，我们决定在各自生命的重要阶段尝试一些新的东西。我们意识到只有联合起来才能建造一些特别的东西。因此，相同的人生目标使我们成为商业伙伴，于是德国酒的名字首次出现在葡萄酒生产商的标签上。"

讲一个好故事，等于再将一段情感经历一番，能让听者深受触动，连讲述者自己都觉感慨万千。因此，有人说："品牌的背景故事就是对感受和情感的记录。"

"30 秒法则"决定故事的传播效率

生活中经常有一些人，吧啦吧啦地讲了一大堆，但依旧没有 get 到重点，用了一连串的各类修饰也没表达清楚。与这样的人交流，自己难免身心俱疲。此时我们往往会想到同那些逻辑清晰表达流畅的人交流的美好感觉，一件复杂的事情，这些人三言两语就能说清楚，对比那些简单的事情却半天也说不清楚的人，简直有种天堂到地狱的落差。

借助故事讲述品牌的故事，也需要在简短的时间内表述清楚，最好故事是在 30 秒内讲完。但有些企业只注重故事性却忽视速度性，希望慢慢将读者带入。但显然忽视了一个问题，品牌故事毕竟主题是品牌，故事只是虚线，让读者尽快知道品牌的内涵才是关键，慢吞吞地进入主题会消耗读者的耐心。因此，一个好的品牌故事，必须在最短的时间内将故事讲清楚，建议在 30 秒内完成一个品牌故事的讲述，这就是"30 秒黄金法则"。

30 秒看似很短，但如果利用得好，依然足够用来说清楚一个故事。那么，怎样能在 30 秒内把一件事说明白呢？有以下三个要点（见图 4-1）。

快
快速整理出要
表述的内容

短
尽量删繁就简
地组织语言

近
所有的话尽量
围绕谈论的话
题展开

图 4-1　"30 秒黄金法则"的要点

记住：30 秒内就足以做出完美表达。学会这一点，表达更简洁，沟通更清晰，故事讲得更有逻辑。一个好的品牌故事，利用"30秒黄金法则"进行传播一般有两种方式：抢镜和借力，下面分别进行讲述。

1.抢镜

一个好故事的开头很重要，如果能在开篇时一下子吸引到用户的注意力，就能拥有最佳的传播效果。

格力集团董事长董明珠，出身于业务领域，对于如何讲述品牌的故事，她有自己的方法。为了给格力新产品——格力手机做宣传，董明珠在"第二届中国制造业高峰论坛"上当场摔手机，新闻一出举世皆惊。虽然很多人质疑董明珠炒作，但是董明珠得到了她想要的效果。当时网上对于董明珠"摔手机"的报道、议论、展望和借势操作铺天盖地，各大网站、各大论坛、各种媒介、各类大V、各种网红纷纷关注。

腾讯财经上【董明珠怒摔格力手机！撂狠话：你敢摔吗？】

知乎上【如何评价董明珠近日怒摔手机问"你敢吗"事件？】

新浪科技上【董明珠怒摔格力手机并豪言：我的手机世界上第一】

驱动中国上【董明珠霸气摔手机，网友称"上一个能摔的已倒下"】

CN314智能生活网上【董明珠公开摔手机，格力集团的惊人之举】

凤凰科技上【董明珠怒摔格力手机：我的手机世界上第一】

新浪博客上【董明珠怒摔手机的霸气从何而来？】

网易新闻上【有点儿意思：董明珠怒摔自家手机只因……】

前瞻网上【董明珠怒摔格力手机放狠话：你敢摔吗？网友：诺基亚就是这么死的】

TechWeb上【董明珠当场怒摔格力手机，原来是为了这】

简书上【董明珠怒"摔"手机，摔出格力品质？】

......

从这些摘录的报道可以看出，董明珠利用这重重地一摔以及为格力手机讲的话，成功抓住了用户的注意力。

抢镜的关键在于"抢"，将本来不属于自己的资源抢过来。既然是抢，就要有爆发力，将"抢"的威力发挥到最大。董明珠的惊天一摔就极具震撼，让人们在震惊之余能够认真听她讲述格力手机的故事。

2.借力

与抢镜有共同威力的是借力，借助其他热点助增自己品牌的热度，利用他人的优势实现自己的营销效果。

与王老吉的大战，一直是加多宝近年来营销的核心，而且已经逐渐演变为一个故事。但这并非是加多宝品牌营销的全部，他们在时刻关注热点，并引入热点为品牌助力，其中最重要的一次在2016年。

那年，陪跑奥斯卡20年的莱昂纳多·迪卡普里奥终于拿到了影帝，引发影迷的热议。加多宝借"小李子"获得奥斯卡影帝的热点，为自己的品牌做营销。在加多宝的海报中，小李子的阴影头像旁边赫然一句"主要看实力"。暗示了自己与王老吉的战争是拼实力的，有实力的一方终究会获胜，那无疑自己才是有实力的一方。

在实际操作中，很多企业采用过借力营销宣传品牌，效果都还很不错。其实，借力借好了往往是最省力的，因为热点就摆在那里，大家正在热情地议论着，只要品牌成功挤入就有了被议论的机会，也就等于被传播出去。

第五章

将品牌核心融入产品的用户体验

　　在互联网大趋势下，各行业的界限被打破，品牌间交叉融合，形成了将品牌核心融入产品，并一切以用户体验为主的"体验经济"。之所以要重抓用户体验，是因为用户就是一切，口碑、利润都来自用户的反馈，体验则是获得用户和吸附用户的主要渠道。

体验决定品牌成败

"顾客就是上帝"，这是人们非常熟悉的一句话，体现了对消费者的重视。没有消费者的高度认可和热情反馈，品牌就失去了持续存在和不断强大的基础。到了互联网时代，这句话有了另一种说法，叫作"用户至上"，顾客的称谓多被用户替代，但本质仍是消费者，仍然以自身对产品的反应决定着品牌的命运。

但与传统经济时代略有不同的是，如今的用户比以往的顾客有了更多的话语权，口碑价值越来越大，对品牌成败的决定能力也越来越大。原因就在于用户传播的渠道多了，曾经只能是口耳相传，如今多出太多媒介，每名用户都可发布信息，再小的声音通过各类媒介发出，都会进入庞大的网络系统中，被传播到全世界。如果用户对品牌产生不满，除非用户愿意自吞苦水，否则就会毫不留情地对外宣泄，不利于品牌的雪球很可能越滚越大。

提起锤子手机，大家都不会陌生，这是一款从还没有实体产品就已经火了的手机品牌。起初很多人对这个新品牌翘首以盼，甚至还自封"锤粉"。他们希望坚果能凭借品质硬度复制小米，追赶华为。但现实狠狠地伤害了锤粉，所有的锤子手机的销售量都是以失败告终的。其中还出现了锤粉状告锤子及其创始人的案件，再度引起热议，不过几乎是清一色对锤子手机不利的讨论。

2015年年底购买了锤子T1手机的李中秋对锤子科技及创始人罗永浩提起诉讼，理由是锤子手机"涉嫌虚假宣传和销售欺诈"，要求退还购机款2480元，并赔偿7440元，共计9920元。此事还引得大V转发评论，戏称罗永浩的情怀足够可以自动解锁Bootloader（罗永浩曾在微博上承诺开放的一个功能，但实际手机中并没有）。经过数月审理，深圳市南山区人民法院就此事做出判决：被告锤子科技退还原告李中秋货款2480元，同时李中秋将购买的T1手机退还给锤子科技。李中秋的其他诉讼请求则被驳回，未获得任何赔偿。

虽然法庭在审理过后并不认为锤子手机在各种功能设置中构成欺诈，但一场闹剧般的官司之后，让本就生存艰难的锤子手机更加气息奄奄。其实这个案件本身给用户带去的感觉并不是被欺诈的愤怒，而是对手机使用感受的无奈。如果一款手机在使用过程中让用户觉得名实相符，是不会因为某几个功能未达到心理预期就诉诸法律的。显然这位锤粉在使用后觉得失望了，"爱之深，责之切"，以激烈的方式宣泄着内心的不满。

后来，锤子手机还陆续发布过几款手机，但无一不是滑铁卢，销售全部达不到预期。那些罗永浩认为很有代表性的产品——坚果一代、坚果Pro、坚果M1等，哪一款在智能手机的发展历史中能留下一丝印迹呢！显然什么都没有。使用过锤子手机的锤粉们也纷纷大吐苦水，网上充斥着各种对锤子手机的负面评价，锤子手机用户以他们使用过后的切身体会"广而告之"。

有人或许会说，哪款手机没有负面评价呢！即便是华为、苹果、小米、三星也是一样。但有一点需要注意，这些品牌的手机销售量非常巨大，在如此庞大的用户基础上出现一些负面声音是很正常的，其中还包括各品牌粉丝间的恶意诋毁。因此，有价值的负面评价占总体评价的比例在正常范围内。反观锤子手机，又有多少售卖量？负面评价的占比显然太大了。请问：如此大量的负面评价分散在网络中，还会吸引其他未购买过锤子手机的消费者购买吗？当然是没有希望的。

锤子的命运从无法做出让用户满意的产品的那天起就已经注定了，用户从粉转路，再从路转黑的过程，就是锤子手机从迷幻的梦境跌落现实，再从残酷的现实坠入地狱的映射。

通过锤子手机的命运走势，我们能够看出用户口碑对品牌的巨大影响。但根源还是来自于锤子手机的使用体验不够好，让使用过的用户不能感到满意，这些用户便会"真心"地传播对品牌的评价。

因此，想要提升产品的使用体验，就要先提升产品品质，有句话叫作"将产品的核心功能做到极致"，用极致的产品功能换来良好的口碑效应。如果是以卖服务为主的企业，就要在产品保证质量的情况下将服务做到极致，用顶级服务来赢得用户的口碑。

将用户体验做到极致

曾经，一款产品能在功能上满足大多数用户的需求，能让用户在使用过程中感觉好用、易用，就能拥有良好的用户体验，若能再配上独特的风格，就能独领风骚。但在同质化产品充斥市场的当下，用户的选择非常多，想让产品在万千同类中脱颖而出赢得用户的口碑，单靠满足用户需求和独特风格已经不够用了，细节的处理、人性化的设计和对用户的关怀显得越发重要，必须做到从内在到外围的多重构建，才算搭建起顶级的用户体验。这样的用户体验是每一个品牌都应该力求的，对于应该如何做到，我们总结出三个关键词：自然、贴近、信任。

1. 自然

曾几何时，不自然成为设计产品的关键，市场上充斥了大量以"古怪"博眼球的产品，但在大家的好奇心用尽后，违背自然的东西迅速被淘汰。多年前流行的长尖头皮鞋，为了有吸引力，尖头做得越来越长，有一些还向上翘起。穿着这种鞋的人走路很不协调，上楼需要侧身，而且越来越多的人发现，显得超长的大脚其实并不美观。

这就是不自然，商品未能在使用过程中让人们感到舒适。其实所谓自然就是尊重人类的一些生活或思维天性，用户不需要文字和语言的解释，也不需要思考就知道如何去行动。比如，解锁手机屏幕或者接听电话都是从左往右滑，人们下意识就能完成。再如，阅读类 App 的翻书交互都是从左往右，模拟真实的翻书效果。

总之，一个自然性设计的产品，能将一切用户行为回归到人的本性。就像一位产品设计经理总结的经验："在设计产品功能和交互时，鼓励每个界面尽可能有且只有一个突出的按钮让用户不用思考就会点击进入下一个环节。这种不制造多余的干扰项，不添加不必要的多选项，能让用户更流畅地完成整个流程动作。"

2.贴近

设计产品必须要靠近用户，以便近距离地感受用户，深入地了解用户。也就是说，想要自己的品牌得到用户最高规格的认可，就要做到比用户更了解用户的需求，比用户更关心产品的功能。

不知道从何时开始，音乐播放器有了一个贴心的小功能：正在外放的音乐，插上耳机不影响继续播放，但如果正在播放的音乐，直接拔出耳机则会令音乐暂停播放。

这个功能一点都不伟大，但是很贴近生活，很为用户考虑。通常情况下，使用耳机听音乐往往是担心影响周围的人，因此想要拔下耳机通常会先停止音乐。如果在没有暂停音乐的情况下拔出耳机，很可能是不小心扯掉了耳机线，或者过于紧急来不及停止音乐，如果因此音乐外放了就会影响周围的人。为了避免尴尬，系统会自动暂停播放。

如果你认为播放器的这种贴近还是挺虚拟的，那么就看看7-Eleven连锁便利店的做法吧！

7-Eleven的很多商品是有供货商直接提供，没有表明食用方法。如何让用户吃得方便、吃得舒心、吃得安全呢？公司给出的方法是让员工自己试吃，经过多次实验后找出最优的食用方法，再提供给用户。

比如，一款没有冲泡方法的方便面，员工们挨个泡，找到最佳口味的水温、水量、时长和配菜，然后在方便面的包装上贴上食用方法的标签。再如，每到来一款新品糖果，员工先要观察糖果几天会化开，再提示给顾客食用的最佳时间。

7-Eleven的贴近足够实际了！产品的提供者就是第一批使用者，通过摸索、尝试，找到最佳方式，再传递给用户。

3.信任

早年听到一位品牌营销专家说过一句话："一个好的用户体验，不是单方地给予，而是双方的信任。"

很多企业都希望用户能信任自己的品牌和产品，认为自己是值得信任的。但他们有没有信任用户呢？多数没有，不然就不会在用户与产品之间设置各种规定限制了。现实总有意外出现，有的企业在与用户建立信任之前，选择先相信用户，并且做出了实际行动。让我们看看美捷步的规定（见图5-1）。

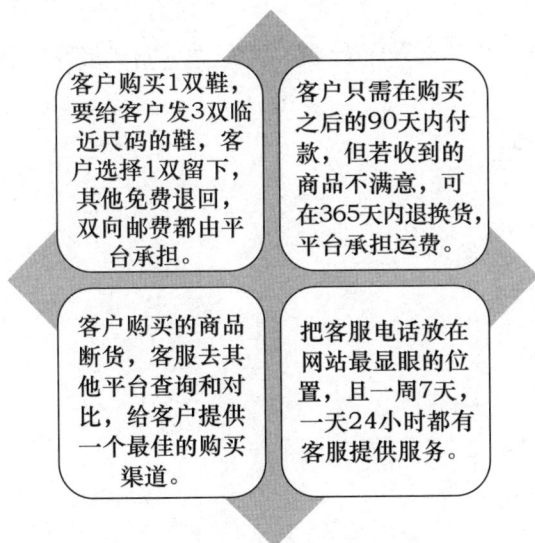

客户购买1双鞋，要给客户发3双临近尺码的鞋，客户选择1双留下，其他免费退回，双向邮费都由平台承担。

客户只需在购买之后的90天内付款，但若收到的商品不满意，可在365天内退换货，平台承担运费。

客户购买的商品断货，客服去其他平台查询和对比，给客户提供一个最佳的购买渠道。

把客服电话放在网站最显眼的位置，且一周7天，一天24小时都有客服提供服务。

图 5-1　美捷步品牌的相关规定

看完后，你的第一反应是不是：这家公司疯了吗？这得消耗多少人力成本和物流成本！这家疯了的公司叫作美捷步，在2012年被亚马逊收购，一举刷新了电子商务企业收购史上的最高收购纪录。

其实，对这种经营方式有微词的原因在于没有认真分析，如果你能好好算一算，会发现虽然退换货率高达25%，客服成本居高，成本的支出非常庞大，但回报也是惊人的。每份订单的毛利率达到35%，复购率占到75%，也就是回头客的交易额是新客户的15倍，维护成本只有新客户的1/6。

如果你疑惑，会不会有人得到了三双新鞋后不马上将不合适的寄回来，而是穿腻了再寄回来？回答是肯定的，一定有这样的，但太少了，相比较庞大的用户量和成交额，这点损失可以忽略不计。而且平台对这样的客户也会有记录，限制其继续交易。其实，99%的客户是值得信任的，只是为了买到最合适的鞋，因此对于用户要给予充分的空间和足够的信任。用户感受到信任，必将以信任作为回馈。

因此，不因为小部分的恶意消费去降低大部分用户的消费体验，因此美捷步被称作"极致用户体验"的代表，被写进了哈佛商学院的教案。

将消费者转变为传播者

消费者可以分为三种角色，即购买者、体验者和传播者。他们通过购买商品（购买者）而体验到商品的功能价值（体验者），再将自己对商品的了解传播出去（传播者）。将消费者转化为传播者，是新零售时代品牌营销的重要环节。忠诚的消费者对品牌具有很强的黏性，若将他们尽可能多地转化为品牌的传播者，带动更多的人主动了解、购买产品，势必会提升企业产品的品牌影响力。

在进入转化之前，先看看消费者的三种角色介绍（见图5-2）。

购买者

消费者产生了购买行为，就是购买者。

购买阶段的关键在于沟通，企业通过严肃且快速的沟通说服消费者。

体验者

消费者购买了商品后，同时成为商品的体验者。

企业可以通过试用或设计入手来从线下或线上提升消费者体验。消费者在体验中获得满足感，重复购买。

传播者

消费者在购买和体验过商品后，会转变为传播者。但至于要传播对品牌有利还是不利的评价，关键要看对商品的体验结果。

图5-2　消费者的三种角色

在品牌营销中，如何吸引消费者的注意，成功地让消费者成为购买者呢？需要抓住消费者的购买心理。如何让消费者在使用过程中产生更好的体验呢？需要站在消费者的角度来做产品、做营销。如何转化消费者成为传播者，并且是主动传播呢？需要从品牌的格局出发，给消费者一个自传播的理由。

1.购买心理

消费者的购买心理是指人作为消费者时的所思所想。任何一种消费活动，都是既包含了消费者的心理活动，又包含了消费者的消费行为。准确把握消费者的心理活动，是准确理解消费行为的前提。

消费者购买商品的一般心理动机包括：求实、求廉、求新、求美、求名、求赞、求阔。因此，所形成的购买行为包括：选择性、理智型、习惯型、复杂型、多变型、冲动型、想象型、霸气型。

影响消费者购买心理的主要因素有：商品本身的因素，宣传的影响力度，其他消费者的口碑效应，消费服务的质量差异，外部环境影响等。总之，研究消费者心理对于引导消费、扩大销售、提升品牌影响力具有重要意义。

2.消费角度

消费角度就是站在消费者的角度去定位品牌，可以分为三种方式：

（1）使用者定位。把产品和某一类用户联系起来，从而界定出产品的消费群体。例如，太太口服液定位于已婚女性，品牌口号是"太太口服液，十足女人味"。

（2）使用的场合和时间定位。品牌从消费者使用或应用的场合和时间去定位。例如，"当你找不到合适的服装时，就穿香奈尔套装""累了困了喝红牛"。

（3）从购买目的定位。任何购买活动总是受着一定的动机所支配，动机就是购买的目的，为了什么才会购买某商品？为什么会购买某个品牌的某件商品？比如，送礼就是重要的一种购买目的，聪明的企业会让礼物的品牌开口代送礼人说话。如心源素代表子女说"爸爸，我爱你"，脑白金代表"子女对父母的孝顺"。

3.品牌追求

做好品牌必须要有追求，想让消费者成为品牌的传播者，需要让消费者看到品牌的追求，并将品牌追求融入消费者的心理需求中。

近年来，"国潮"风起，一批打着"新国货"概念的商品纷纷破土，但又有多少品牌能真正贯彻新国货理念呢？是值得深刻观察和思考的，看看什么样的品牌完美地整合了品牌追求与消费需求。

钟薛高——一支中式的网红雪糕爆红，成为新国货中的标杆品牌。其瓦片造型的外表，表达了对传统文化经典元素的致敬，深合国潮风尚。不断推陈出新的口味常常带来不同的惊喜，完美贴合大众的口感需求。因此，不仅俘获了一众小资女性，也让时尚潮男大呼过瘾，就这样悄悄入驻了万千家庭的冰箱。

钟薛高对消费者的需求升级把握准确，明白消费者不仅重视产品的质量、颜值，也很在意健康元素，因而从创立之时便使用秸秆复合雪糕棒签，既健康又环保。

如何让普罗大众成为品牌的代言人？钟薛高的成功之道足可借鉴，用自身对产品的创新，对品质的坚持，对消费者的负责，诠释了新国货有品、有颜、有料的顶级价值。

4.品牌格局

格局对一个品牌至关重要，如果说产品的功能、交互风格、运营手法等层面是吸引用户的基本配置，那么企业或品牌的格局就是长期"讨好"用户的利器了。

小米创始人雷军在新品发布会上承诺："从今天起，小米向用户承诺，每年整体硬件业务（包括手机及IoT和生活消费产品）的综合税后净利率不超过5%。如超过，我们将把超过5%的部分用合理的方式返还给小米用户。"

不要认为小米辛辛苦苦搞科研，这样的承诺之下赚不了多少钱，其实实现了双赢，因为供需双方的本质需求都满足了：我（小米）对科技有追求，你们（消费者）买单是支持我（小米）继续进行科技创新；你们（消费者）对产品有追求，我（小米）正好回报给你们（消费者）。

上文提到的7-Eleven的格局也很大，在"同行是冤家"的普遍认知下，7-Eleven会主动将顾客介绍给"冤家"。一般在顾客来晚了，盒饭售罄时，店铺都有温馨提示，"隔壁某某便利店也能盒饭"，甚至会提示盒饭的口味，标出价位，画出路线。

由此可见，在大格局层面上，企业已经不是在做一款产品、一个品牌了，而是海纳百川的胸怀，让自己的品牌随时植入消费者内心。

以"工匠精神"提升用户的体验感

"工匠精神"的核心源自工匠和他们的工作态度。工匠们喜欢不断雕琢自己的工艺品，对精品有着执着的坚持，追求细节的完美和极致，享受着工艺品在双手中升华的过程。这个过程中，不仅工匠的技艺水平在提升，工匠的精神世界也在提升。

工匠精神就是追求卓越的创造精神、精益求精的品质精神、用户至上的服务精神和认真负责的专注精神。工匠精神是社会文明进步的重要尺度、是国家制造前行的精神源泉、是企业竞争发展的品牌资本、是员工个人成长的道德指引。

如今，越来越多的企业认识到工匠精神的重要性，开始普遍推广。完美公司〔全称：完美（中国）有限公司〕致力于将"工匠精神"深植于企业土壤，成为企业的精神内核，让完美名实相符。

完整的完美公司保健食品研发流程包含15个步骤，每一个步骤都需要专业的人员进行跟进（见图5-3）。

图 5-3　完美公司研发流程的步骤

完美公司在推出产品之前会进行大量的资料检索，目的是根据市场和消费者需求搜寻专业化的解决方案。

比如，发现市场对护肝产品需求量增大，完美的研发团队迅速组织人员检索资料，很快确定了玉米肽的研发方向。其后，配方设计人员从市场上有代表性的原料品类中选取一些样品，根据相应指标进行原料品质和成本检验，确保符合国家食品安全和营养标准，最终筛选出适合产品要求的原料品类。当然，原料供应商不止一家，以避免供货不及时和原料质量的风险。接下来，工艺研究人员进行生产工艺的研究，即所选中的原料是否适合现有生产线的生产，以何种剂型进行生产。

玉米肽项目的总负责人说："最关键的环节就是配方试制，原料的比例、使用量的多少、浓度的高低、工艺参数的确定，一次又一次的调整，为了达到心目中的目标，我们往往要进行几十次甚至上百次的试验。"

可以想见，从事玉米肽配方研究的研发人员就像寻找适合做灯丝材料的爱迪生一样，屡败屡战，一步一步地接近成功。

完美如此精细的研发流程会不会拉长产品研发周期呢？答案是"NO"。因为研发流程的很多环节是并行的，比如原料选取的同时就进行工艺的研究。同类产品的研发周期为3～5年，而完美的"玉米肽糙米胚芽压片糖果"从立项到上市仅用了一年的时间。

又有了疑问，这么短时间推出的产品会不会无法保证品质呢？答案也是"NO"。完美公司研究员把自己当成了"小白鼠"，研发每一种产品，每一次样品出来，他们都是第一个品尝者、试验者。如果口感不好，绝不会走后面的研发流程的。即使口感通过了一试、二试，如果功效性和安全性方面的检测达不到标准，也要推倒重来。玉米肽项目的总负责人说："在研发'玉米肽糙米胚芽压片糖果'的时候，为了测试产品的功能，即使平时不喝酒的人也要反复喝酒试验，以便最准确地体验肝脏代谢的效果。"

但这还不算完，到了评审阶段仍需层层检测。每种新产品上市前，完美公司都会在企业内部、行业领域及国家层面委托专家组从产品的安全性、卫生性、功效性、稳定性等方面进行严格评审与评价。

总之，完美公司将科研、生产、使用三者紧密联系，从原料采购、原料检验到产品生产、成品储存等各个作业环节，以书面化形式固化下来，形成标准化的生产检测规范和制度，落实从研发到生产的每一个环节。经过一层层严格的操作，最终确保产品品质完全符合市场需求，赢得消费者的信赖。

服务设计优势效应，重新定义品牌的用户体验

朋友给我讲过一件事：某次他约大学同学吃饭，提前预订了顺风车。由于堵车，司机打电话沟通，希望停在办公区北门，相对人流量少一些，并表达了歉意。朋友同意，他从定位地点走过去。

当时，车的四扇车窗都是开着的，司机坐在驾驶位抽烟，回头看到朋友朝他微笑示意，确认过眼神，知道是乘客，立即把烟灭了。一边在空中挥手，一边打开空调，还用嘴在空中胡乱吹了几口气。朋友上车后，司机急忙表现出歉意："不好意思，不知道您走过来这么快，车里还有烟味吗？您会闻着不舒服吗？"朋友说自己也抽烟，不会不舒服的，司机说："那就小点空调吧，让空气流动着。"朋友同意，司机便将空调的风调小些。

朋友说，这次体验让他非常舒服，这个司机素养很高，很在意客户的感受和意见。先后三次对话，都让人感到舒心。在沟通停车地点时表达了一次歉意，其实那根本不是司机的问题，堵车是谁也控制不了的，只要说明就可以了。在朋友上车时表达了第二次歉意，虽然是因为司机抽烟引起，但现实中有多少人会因为抽根烟向别人道歉？并且在得到了朋友的回馈后，做出调小空调的举动。

这位司机作为服务的一方，他呈现的服务质量非常高。他的服务理念是个人素质的体现，但他服务的专业性是长期与客户交集获取的经验，他知道客户在意什么，明白怎样与客户沟通。

大概十年前，中国的山寨手机大量涌入非洲市场，因为价格便宜，深得非洲人民喜欢。但山寨机难登大雅之堂的根本原因就是质量不行，很快一些

非洲人就被不断出问题的手机搞得心烦意乱，扔了可惜，不扔又不好用，又没有地方可修，谁能帮帮他们？

很快，呼声得到了响应，传音（如今在非洲手机市场占有率近五成的霸屏级公司）出手了，承诺自家售后服务中心，不仅维修传音手机，也维修其他品牌手机。对于传音而言，用户来到我这里，是带着希望的，没有完成消费心里就会产生失望，失望多了就会演变成不满。如果能最大限度地帮助用户解决问题，对用户而言，传音就像是他的朋友。

传音在当时的非洲算是大名鼎鼎，再加上全方位满足消费者需求的服务设计，使其迅速增强品牌效应，横扫非洲市场。

传音给出的服务也是高质量的，而且是经过设计的，核心是一种服务理念：帮助别人就是帮助自己，为别人解决问题，就是为自己打开新的通路。

这就是设计服务，专注于创造最佳服务体验的过程。服务设计就像是讲述不同客户与各类品牌之间的互动故事，并以此提供深刻的见解。当服务设计真正应用到商业模式中时，就会出现"服务设计优势效应"，即面对两家售卖同样品质产品且有着同等价格的店铺，服务设计的魅力与意义在于让顾客走进其中一家而非另外一家。

如今，消费者更加追逐自我体验感受，对所有行业的体验标准都提高了，服务设计的应用显得越发重要。一般的服务设计已经难以满足消费者对高标准体验的定义，因此高质量的服务设计需要满足四项要求（见图5-4）。

共同创造
所有的利益相关者都应参与到
服务设计过程中。

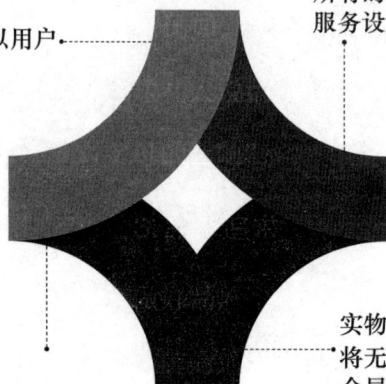

以用户为中心
服务应站在用户视角，以用户
的体验为中心去做。

实物化
将无形的服务有形化，并系统的、
全局的考虑整体环境。

顺序性
服务应该被视觉化为一系列相
互关联、有次序的行动。

图 5-4　服务设计的四项要求

说到服务设计，就一定要讲海底捞。从海底捞创办那天起，就有人说海底捞卖的就是服务，事实上海底捞卖的的确是服务。海底捞菜品和味道很多火锅品牌都做得出来，甚至一些火锅品牌的味道比海底捞要好，但海底捞就是凭借变态级的服务在红海的餐饮市场杀出了一片天。

海底捞的服务到底有多出色呢？看看这些人的感慨吧！如果你还没去过海底捞，看了以后会惊掉你的下巴！

A网友救小猫被蚊子叮了好多包，到了海底捞后被服务员听到了，他们居然跑去药店买了风油精和止痒药。

B网友带孩子去海底捞，海底捞居然搬了张婴儿床给孩子睡觉。大家注意了，是床！

C网友在海底捞吃完饭，要赶火车却打不到的士。门口小弟简单问了情况转身就走，不一会儿海底捞店长把自己的SUV开出来，说："赶紧上车吧，时间不多了！"

D网友在海底捞刮破了丝袜，结账时服务员递上了全新的丝袜！还是3双！

E网友在海底捞无意间跟朋友抱怨京东抢的奈良美智大画册怎么还没到货，结账时服务员问了她京东会员账户，第二天一早三本大画册都送来了！

F网友发现海底捞服务员帮顾客代练游戏，地球已经抵挡不住海底捞了……

G网友点海底捞外卖，送来的东西包括：各种菜品、底料、汤、备用加汤、锅、勺子、木头筷子、碗、口香糖、爆米花、调料包、香菜、葱花、餐巾纸、眼睛布、围裙、两个皮筋、电磁炉、插线板、垃圾桶、垃圾袋2个……做到这个地步了！

不可否认，海底捞的服务是经过设计的，并且在设计的基础上逐步完善，而且好像永无止境。的确，服务是服务类企业的根本，为顾客解决每一个问题，结果就是创新，创新就是没有尽头的。

在消费者需求的重心由产品转向服务，再由服务转向体验的时代，海底捞成功地创立了一种以创造"海底捞体验"为特点的营销模式。因此，海底捞的服务可以被看作是当代整套服务设计最典型的案例，顺应了时代的发展趋势，也成为越来越多企业的风向标。

以用户体验引爆口碑

引爆口碑的目的是要引发口碑效应，并以此对外传播品牌价值。口碑传播的重要特性是可信度高，因为是建立在客户体验的基础上，由体验客户亲口说出，其他客户自然深信。因此，以用户体验引爆口碑的方式，根本上说就是"用户告诉用户"的过程，利用的是人的分享心理和展现欲望，建议从用户心理需求入手（见图5-5）。

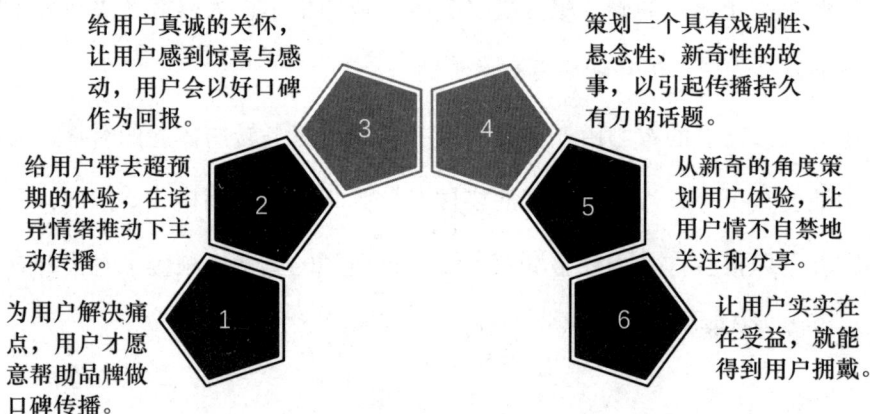

给用户真诚的关怀，让用户感到惊喜与感动，用户会以好口碑作为回报。

策划一个具有戏剧性、悬念性、新奇性的故事，以引起传播持久有力的话题。

给用户带去超预期的体验，在诧异情绪推动下主动传播。

从新奇的角度策划用户体验，让用户情不自禁地关注和分享。

为用户解决痛点，用户才愿意帮助品牌做口碑传播。

让用户实实在在受益，就能得到用户拥戴。

图 5-5　用户体验引爆口碑的心理需求

决定产品价值和消费者心理状态的是产品品牌，决定消费者对品牌评价的是使用体验。体验好就是产品好，产品好就是品牌好，这是消费者画的等号。因此，企业一定要着力打造用户体验和品牌建设，从产品制造到宣传推广到销售服务，所有环节都要做好，逐渐通过用户体验积累品牌效应。

为消费者带去最好的使用体验，应该从企业的优势强项着手，用拳头产品或拳头服务吸住消费者。因此，企业必须有自身的优势强项，并围绕该强项打造企业，将优势不断壮大，成为同行业的尖顶，也成为企业的标志。

中国快递行业的领军品牌有两个，顺丰和京东。在京东尚未发展成型之前，顺丰是绝对的龙头。

顺丰快递的最强项是"快"，同城当天送到，国内（少数地势险要地区除外）48小时内送达。顺丰的发展一方面迎合了快递行业的发展需求，另一方面也是顺丰对自身的要求。顺丰成立于20世纪90年代，初期业务只是围绕珠三角地区的即日速递业务。顺丰对用户承诺的"即日"逐渐成为顺丰的企业标志。随着流量的增加，顺丰的订单越来越多，服务范围越来越广，虽然面积迅速扩展，长途的"即日"已经不现实，但顺丰依然将"快"设定为企业品牌的最大优势，不能"即日"就"翌日"，总之要将"快"进行到底。

"快"不能是顺丰唯一的标志，毕竟快递行业讲求的就是"快"，将来一定会有其他企业迎头赶上（京东就赶上来了）。于是，顺丰不仅要"快"，还要"好"，即服务好。虽然"又快又好"是各行业中企业的追求，但真正做到的并不多，毕竟"快"了就很难"好"，"好"了又很难"快"。顺丰做到了，在"快"方面不仅率先发展国内航空快递，还斥巨资研发用于送快件的无人机；在"好"方面顺丰要求每个快递点都必须做到服装整洁、仪表得体、沟通顺畅、包装结实、收货送货及时准确、仔细检查待寄运包裹、细致填写快递单等统一标准。正因如此，顺丰快递员的素质和服务质量非常高，因此虽然顺丰的快递费用贵一些，用户还是愿意选择顺丰快递。

顺丰实现了"又快又好"后，品牌效应已经基本达成，但仍不能就此满足，因为同类企业也在进步，京东就是最明显、最令人紧张的追赶者。如果顺丰裹足不前，其龙头地位必然会被取而代之。

2015年年初，顺丰高层策划打造了企业品牌的第三个强项——"爱"。主旨是企业献给全国所有顺丰快递员工，感谢他们做出的巨大贡献。这是应该的，也是必要的，没有这些一线员工的辛勤付出就没有顺丰的今天。为此，企业联合明星林志玲举办了一场"林志玲的爱心包裹，请签收"的暖心活动。

"一个女神，一个发光的包裹，一首歌，泪奔中国200多万快递小哥！"这是林志玲爱心包裹的核心价值，让全国人民知道快递员们奔波在风雨里的辛苦，他们为千家万户带去快乐和希望，因此他们走过的每一个足迹都是发光的！

感恩自己的家人，对用户体验有什么加持呢？当然有，不是表面，而是内在。用户可以看到顺丰对自己员工的真心，一个真诚感谢自己员工的企业一定是有良心的，绝不会让自己的员工在辛苦之余还感到心酸。由此可以想到，这样的企业对用户也一定是真诚的，会将用户的利益放在心上。这种用户体验才是最顶级的，让人欲罢不能，不仅能引爆用户口碑，还能点亮用户内心。

按照 SEMs 塑造品牌体验

SEMs 的中文解释是：战略体验模块，由美国哥伦比亚大学商学院教授伯恩德·施密特提出。施密特将战略体验分为两类：一类是用户在其心理上独自的体验，即个人体验；另一类是相关群体互动后产生的体验，即共享体验。

1.个人体验

个人体验分为三个部分：感官营销、情感营销、思考营销。

（1）感官营销。目标是创造知觉体验的感觉，由视觉、听觉、触觉、味觉与嗅觉来完成，即围绕用户的五个感官做文章。感官营销的核心是设计出给用户的每个感官都带去极致体验的产品。视觉感官相比听觉、触觉、味觉和嗅觉，仍然是获取品牌信息的最佳途径，品牌应该更多地进行视觉感官营销。但并非全然忽视其他四项，在必要时刻也需进行相关设计，提升四类感官的体验，加强对品牌的认同感。

（2）情感营销。目标是创造情感体验，可以涵盖非常广泛的情绪类型，可以是欢乐、欣喜、兴奋、感动等正面情绪，也可以是愤怒、悲伤、恐惧、沉痛等负面情绪。情感营销的核心是如何能引发用户的某种情绪，以及如何能使用户受到感染并融入场景中。

比如，2014年年底时，一组名为"对不起，我只过1%的生活"的漫画被疯传，短短一天时间就在新浪微博上转发超过40万次，点赞超过30万次，评论高达8.9万次。当天下午，漫画作者"伟大的安妮"发布微博，称这篇文章的阅读量超过6000万。这组漫画之所以深受关注，是因为其中的情感与太多人产生共鸣。漫画的主人公就是作者本人，在走上绘画道路后，不断被人告知"你99%不会成为自己想要成为的人"，但作者在痛苦中选择坚持，因为她想要过那1%的生活，最终她实现了那1%的生活。漫画蕴含的情感是对梦想的追求、是"90后"少女的创业故事、是奋斗过程中的人性挑战，每一点都引发了用户内心的情感共鸣。

（3）思考营销。目标是以创意的方式让用户感到惊奇，产生兴趣，从而对品牌提出的问题进行思考。这种营销体验方式一般用于产品的设计、促销及与用户的沟通上，是为用户解决问题的体验式营销。采用思考营销的典型是海尔集团，采取了三种个性定制方式：模块定制、众创定制、专属定制（见图5-6）。

模块定制	众创定制	专属定制
海尔的产品以模块形式进行重构，用户根据场景思考自己的需求，并通过表达需求及场景还原的方式选择产品。	海尔的设计师们在设计之前会参考用户在众创汇平台上提出的创意，并与用户进行互动，形成新品的迭代。	专属定制是一对一定制模式，用户可以深入参与到设计、制造的过程中，让用户拥有独一无二的定制产品。

图5-6　海尔的定制方式

2.共享体验

共享体验分为两个部分：行动营销和关联营销。

（1）行动营销。目标是影响用户身体行为的有形体验、生活形态与交流互动。品牌可以通过行动营销增加用户对产品的体验深度，引导用户主动找出当前做事的替代方法和替代形态，借此丰富用户的生活。比如，运动品牌贵人鸟策划的行动营销，成功升华了用户对运动的体验。贵人鸟邀请著名歌手张杰为代言人，演唱营销活动主题曲《我们的发光时代》，凭借张杰的人气和营销质量，品牌吸引了很多粉丝的关注。2016年，贵人鸟再邀张杰共推倡导跑步的运动，又一次获得了粉丝们的大力营销。

（2）关联营销。关联营销包含了感官、情感、思考和共享四点，因此超越了私人感情、人格、个性与个人体验，与个人对理想的自我、对他人的理解、不同文化产生关联。关联活动的诉求是自我改进，从而形成更好的自我，并让他人对自己产生兴趣。运用到品牌上，就是让一个人和较广泛的社会系统、某个群体发生联系，从而建立个人对某种品牌的偏好，个体逐渐形成一个群体或者融入原有群体中。如今关联营销已经被广泛使用，最典型的是苹果、小米、魅族，产生了果粉、米粉、煤油等粉丝群体。

第六章

品牌价值的创新与重构

随着企业经营环境的变化和消费者需求的变化，品牌的内涵和表现形式也要不断变化发展，才能让消费者对品牌的认可程度长期绵延下去。因此，品牌的创新与重构是品牌价值长期延续的必备模式。

更新品牌形象的四种方法

品牌创新是指随着企业经营环境的变化、消费市场需求的变化，品牌的表现形式和呈现的内涵也要不断变化，因此品牌创新的实质是赋予品牌创造新价值的能力。纵观世界知名品牌，长盛不衰的原因无一不是持续进行品牌创新。但是，品牌创新不是随便发生的，需要一定的动因作为激发，企业随着动因果断布局，就能克服品牌老化，延长品牌生命。那么，什么是品牌创新的动因呢？可以分为两点讨论：

（1）消费者需求变化的需要。消费者的价值取向和审美品位在不断变化，品牌如果长期没有向消费者传播新的信息，就会失去潜在消费者和动摇原本的忠诚者。必须基于对消费者的洞察和对时代的理解进行品牌创新，才能做到与消费者心理变化保持节奏一致。就像"太太口服液"始终不断适应中国女性消费者需求的变化，从"做女人真好"到"滋润女人，让美丽飞扬"，再从"十足女人味"到"还是太太好"。

（2）新的竞争环境的需要。当市场竞争环境越发激励时，品牌需要新的定位修正与形象更新。联想从国内走向国际，面临全新的竞争环境，先决条件是拥有一个可以在全球畅通无阻的英文品牌标识。2003年4月28日，联想启用新的英文标识"Lenovo"，替代原有的英文标识"Legend"，意味着联想品牌定位修正和品牌内涵更新。

品牌创新需要有规划的布局，分步骤地一步步开始。如果只是为了创新而盲目开始，为了重构而不顾实际状况的行动，创新与重构不仅不能成功，还会让品牌遭遇灾难。就像联想做的，首先及时对品牌重新定位，并对品牌形象进行更新。关于品牌定位在本书第一章已有介绍，本节主要阐述品牌形象更新。

1.更改品牌名称

你能第一时间想起的品牌名字有哪些？梅赛德斯－奔驰（Mercedes-Benz）、劳斯莱斯(Rolls-Royce)、香奈儿（CHANEL）、纪梵希（Givenchy）、轩尼诗（Hennessy）、莱卡（LAICA）、庞巴迪（Bombardier）、宝格丽(Bvlgari)、百达翡丽（Patek Philippe）、可口可乐（Coca-Cola）……

这些品牌名字都非常好听，用一句俗话形容叫作"高端、大气、上档次"，给人一种一听就知道是顶级品牌的感觉。但这些名字并不都是一开始就如此亮眼的，而是经历了一番波折才有了今天的大名鼎鼎。比如可口可乐，英文名字叫Coca-Cola，进入中国后起一个更贴近中国人习惯的名字，于是"蝌蝌啃蜡"诞生了。这是什么？谁能明白？能够反映Coca-Cola哪些内涵？真是糟糕透了。这瓶深色的"醋"在中国可谓惨淡至极，于是公司公开登报悬赏350英镑征求译名，最终"可口可乐"胜出。这个中文品牌名字非常符合Coca-Cola的内涵，也十分具有亲和力，告诉消费者这是一款既能让人"可口"，又能让人"可乐"的饮料，一下子将产品与消费者的距离拉近了。

2.变换品牌标识

品牌标识（Logo）是品牌中可以通过视觉识别传播的部分，包括符号、图案或明显的色彩和字体。在品牌经营中，品牌标识变与不变、什么时间变、变成什么样，都需要反复权衡机会与风险之后才能做出重大抉择。

品牌标识变迁通常是结合了企业的发展需要和扩充新的品牌内涵，同时品牌标识的每项要素都要仔细斟酌，明确哪部分需要改动，哪部分应当保留。英超联赛的每支球队都经历过多次队徽的变动，如英格兰超级联赛的阿森纳俱乐部的队徽，从成立至今至少经历了7次重大变动。

3.创新广告形式

新奇的创意总会给人以新鲜感，这就是为什么企业要经常创新广告的原因。百事可乐的核心价值"年轻、未来一派、紧跟时代步伐的精神特质"十几年不曾改变，但广告片换了几十个。因为长时间不换广告，品牌会给人陈旧、呆板、不时尚、没档次的感觉，会杀伤品牌。因此，必须围绕企业核心价值不断更新广告，才能持续给予消费者视觉、听觉上的刺激，品牌才能永葆活力。

2003年9月25日，麦当劳在全球120多个国家同时启动"我就喜欢"全新品牌活动，沿用多年的品牌口号"常常微笑"被替换为"我就喜欢"。新广告口号成为麦当劳为其品牌注入活力的关键因素，意味着麦当劳要塑造年轻化的品牌形象，重新建立与顾客的情感联系。

4.进行情感传递

现实中，每个人都知道笑比哭好。商业经营中也提倡微笑服务，但哭是不是一点价值也没有呢？有的企业不这样认为，为"哭"赋予了新的意义。

在被判"停止使用王老吉等宣传语"而改名为加多宝之后，加多宝感觉有些"憋屈"，便在官方微博中发布"对不起"系列广告。微博中一个小男孩很憋屈地哭着，"对不起！是我们太笨了，用了17年时间才把中国的凉茶做成唯一可以比肩可口可乐的品牌""对不起！是我们太自私，连续6年全国销量领先，没有帮助竞争队友修理工厂、完善渠道、快速成长……""对不起！是我们无能，卖凉茶可以，打官司不行""对不起！是我们出身草根，彻彻底底是民营的基因"。

四个肉嘟嘟的小孩配上无辜的眼泪，瞬间揪住了人心，观者无不动容。

这是人性中最容易被激发出来的柔性情感，借着小孩的哭，加多宝表达了自己的委屈。虽然消费者无暇分辨究竟谁是谁非，但就这四个文案引发的"同情分"上，加多宝赢了。一场打输了的官司对企业和品牌的影响是非常坏的，但加多宝用几个萌娃就化解了危机，还顺势更新了自己的品牌形象。事后看来，有一种不战而屈人之兵的味道。

品牌创新的三大基石

品牌创新是一项系统工程，需要整体性的协同创新才能实现。通常品牌创新分为三大基石：品牌产品创新、品牌技术创新、品牌管理创新，以此增强品牌生命力。下面具体介绍品牌创新的三大基石。

1.品牌产品创新

当前，产品需求正在向多样化、审美化、个性化的方向发展。如何能让自己的产品具有竞争力，最佳途径就是持续创新。产品创新的动力来自市场导向和顾客需求，也可以将顾客当作产品创新的参与者，因为顾客需求正在主导着未来产品走向。

产品创新不是单纯的产品技术创造，还包括产品质量提高、产品性能改善、产品成本降低等方面。可见，产品创新是品牌创新的基础，通过产品创新企业不断创造出差别优势。

保洁公司在全世界行销数百个品牌，其发展历程就是不断进行产品创新的历史。1879年，第一种多功能香皂——依芙蓉 Ivory；1911年，第一种植物性酥油——克瑞斯克 Crisco；1946年，第一种针对大洗衣量的合成洗衣粉——汰渍 Tide；1955年，第一款含氟化物的牙膏——克瑞斯 Grest；1956年，第一款抛弃式纸尿裤——帮宝适 Pampem；1961年，第一款去屑洗发水——海飞丝 head&Shoulders；1978年，第一个治疗骨骼疏松症的药品——帝罗奈 Didronel……

可见，没有产品的创新就没有"宝洁"今日的辉煌，产品创新是"宝洁"

品牌创新的一个十分重要的基础。

2.品牌技术创新

进入21世纪，消费者对产品的品质要求持续提升的同时，对产品的功能要求也进一步高涨，因为在快消费和自媒体时代，消费者需要享受更多的产品使用价值为自己带来利益和乐趣。如果某一款产品的使用价值有所降低，消费者会很快将其抛弃，转向选择另一种产品。这就要求企业在满足产品品质的同时，持续提升产品功能，以求满足消费者不断增长的对使用价值的期盼。

技术创新是持续性的，企业需要在技术层面加大投入，及时捕捉市场风声，快于市场风向完成技术的更新换代。无数事实证明，那些技术创新跟不上市场要求的品牌，都无法长时间获得消费者的认同。比如，诺基亚、摩托罗拉、柯达，这些曾经的巨无霸级企业，因为过分迷信自己的技术优势，在竞争对手已经迎头赶上，甚至反超之后才逐渐醒悟，但为时已晚，技术落伍就意味着产品失势，产品失势就会引发品牌的全面溃败。

相关调查表明，如今许多高科技企业的无形资产已经超过了总资产的65%，高新技术产业对世界经济增长的贡献达到60%。因此，没有进行技术上的创新，就如同人没有了造血功能一样，品牌旧时所打下的基础迟早会干瘪消亡。

3.品牌管理创新

品牌创新是一项复杂的系统工程，要想保证系统运转顺畅，管理必须到位。但若用不符合市场走向的管理模式进行品牌创新工程的管理，显然无法取得预期效果，因此管理也需要创新。品牌管理创新的基本内容包括四个方面（见图6-1）：

品牌经理全面负责品牌的构思、设计、宣传、保护和品牌资产的经营，从而在组织上保证全面、有效地实施品牌发展战略，实现品牌运营的协调一致。

品牌愿景为企业提供了品牌建设的目标和理念。企业必须善于塑造品牌愿景的整体图像，并贯彻实现品牌愿景。

实行品牌经理制

建设品牌愿景

建设品牌管理团队

加强品牌防伪、仿冒管理

以品牌经营战略为导向管理团队，在其中导入"品牌共同愿景"，培育团队精神，把思想、理念、价值观和企业文化融入品牌经营战略之中。

企业必须保护自己的品牌声誉和形象，积极主动地进行防伪、仿冒管理，要不断开发、利用防伪技术，提高品牌的防伪能力。

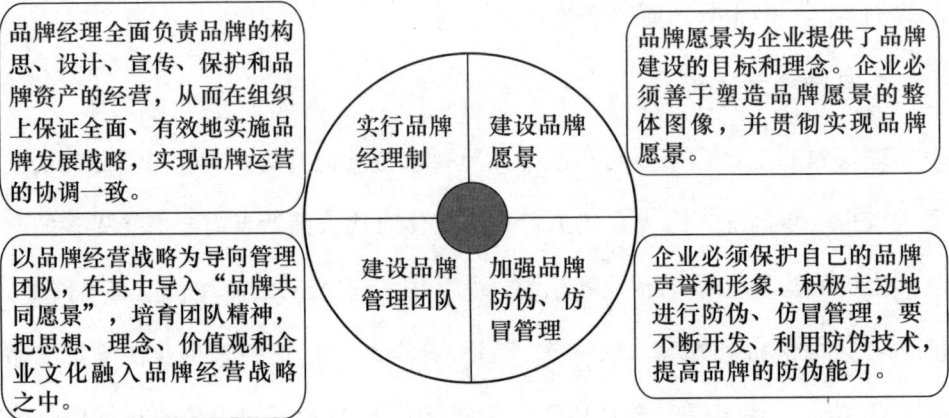

图 6-1　品牌管理创新的内容

深化品牌创新需构建品牌愿景

品牌创新能够加强消费者对品牌的信心和忠诚度，提升消费者的重复购买频率和购买种类，促进品牌声誉价值的溢出和品牌资产的扩张。但对于如何深化品牌发展方面，就涉及品牌愿景的构建。

品牌愿景是品牌为自己确定的未来蓝图和终极目标，向外界明确告知品牌现在代表什么？未来代表什么？包括品牌蓝图、品牌使命、品牌范围、品牌价值观。

（1）品牌蓝图。品牌蓝图包含未来环境的描述、品牌终极目标的确定、品牌蓝图写实三个部分（见图6-2）。

01 未来环境的描述是对未来数年内整体环境的预见，包括经济环境、社会环境、竞争环境、技术环境等。

02 品牌终极目标的确定是品牌从诞生起便设立的目标，一旦确定是不可变更的。

03 品牌蓝图写实是把品牌未来环境、品牌的终极目标进行综合的、精练的、美化后的描述。

图 6-2　品牌蓝图的构成

（2）品牌使命。品牌使命是指品牌对于企业或是对于整个品牌组合来讲，它的作用是什么？也就是所规划的品牌在其所在的组织中承担了什么样的使命。比如，有的品牌承担着为整个品牌组合提供大量现金的使命，有的品牌承担着保护战略品牌的使命，有的品牌承担着导引出二级品牌的使命。

（3）品牌范围。品牌范围是指品牌在产品类别、子类别和市场上的跨度。

主品牌的范围设定非常重要，品牌组合的目的是通过品牌延伸来充分利用品牌资产。

（4）品牌价值观。品牌价值观将直接导致企业行为，而行为导致结果，最终影响品牌本身。好的品牌价值观都简单易懂，并让消费者清楚这些价值能够长期践行。品牌价值观的践行能力体现了企业真正的实力和高度，核心价值观坚持一致是做到基业长青的基础。

品牌愿景中的品牌蓝图、品牌使命是对外传播的，品牌范围、品牌价值观是作为企业内部管理品牌与进行品牌决策的参考因素。

企业要打造强势品牌，必须进行品牌愿景塑造。在确定品牌愿景时，要收集内部信息，并关注外部信息（如深度研究企业最重要的竞争者），只有收集到所有内外部资料后，才能做出符合市场真实状况和员工期望的品牌愿景。

品牌愿景不仅能够为品牌带来清晰长远的目标，还可以增加企业员工的凝聚力和工作积极性，并为品牌延伸范围划定界限，还对品牌核心价值、识别系统等规划了基调。品牌愿景的具体作用如下（见图6-3）。

1	品牌愿景驱使企业管理层共同努力，实现品牌长期的财务和战略目标，并且敢于大力经营能够促进品牌增长的业务。
2	品牌愿景指引企业对市场和客户深入洞察，精准把握市场需求变化，并迅速调整产品、服务，以满足消费者新的需求。
3	品牌愿景可以清楚告诉外界关于企业和品牌向何处去、如何到达，以及品牌在实现企业战略和目标上发挥的作用。
4	品牌愿景激励员工为共同的使命而奋斗，可以避免品牌陷入飘浮不定的陷阱中。
5	品牌愿景可以避免企业在面对巨大危机时，形成短期解决方案可能导致的品牌方向的偏移。
6	品牌愿景为品牌延伸确定了清晰的范围，规定了品牌可以延伸的行业、品类和不可以延伸的行业、品类。

图 6-3　品牌愿景的作用

此外，在进行品牌愿景规划的时候，必须注意以下关键因素：

（1）要有适合的文化。是指在进行品牌愿景规划之前，在企业内部要形成对品牌愿景作用认同的氛围。

（2）企业中高层管理者的参与。最重要的是找到对品牌愿景形成的关键影响者，可能是一两个人，也可能是一个小群体。通常影响企业文化形成的，就是一两个人或几个人。

（3）认真研究客户的意见，但要高于这些意见。对客户的研究是进行品牌战略规划必不可少的，既不能完全不顾客户意见，也不能完全依据客户意见进行决策。

（4）品牌愿景可以进行有效分解。可行的品牌愿景能够把它划分成一个个子愿景，有助于增强企业内部人员对品牌愿景的信心。

总之，品牌愿景就像点亮的灯塔，为出海的船只指引方向。品牌愿景是企业试图通过品牌带给人们一个理想的世界，为了使世界更美好而拥有的景象。

全域营销助力品牌创新

从新品创新到成功推向市场，品牌将面临巨大挑战，需要打造新品全域营销才能助力新品牌成功实现增量。对于如何推行全域营销，我们借助阿里巴巴商业操作系统（ABOS）进行阐述。

为什么阿里巴巴打造商业操作系统？这是源自企业发展的需要，因为阿里巴巴已经成为新品首发主阵地。2018年，天猫平台发布新品超过5000万个，全球超过60%的知名品牌都选择天猫作为新品首发平台。2019年，天猫平台发布新品接近上亿，超过9000万个新产品在平台上发布。这些新品的主力消费群体是"85后""90后"，说明年轻消费群体的购买力非常强大，也说明需要用新品吸引"追新一族"，让他们成为品牌实现新增长的驱动力。

面对成为新品首发主阵地的现实局面，阿里巴巴应如何抓住增量机会呢？

如今，新品创新已经不是某个单点产品的创新，而是基于消费者需求趋势的把握实现整个品类不断拓展的创新。因此，需要洞察消费者需求找到新的细分市场以获取新用户，并保障新品存活成功率，因为超过70%的新品上市后活不过18个月，只有10%的新品有机会成为畅销新品。

不可否认，品牌创新始终面临巨大挑战，可以从四个方面推测：

（1）趋势难测。传统市场调研的数据样本不准确，新品无法切中市场主流需要。

（2）销售失控。没有多维、实时的数据指标用以监控新品发展轨迹。

（3）反馈滞后。新品推到市场后才能获得反馈，但预留的调优空间几乎为零。

（4）存活过低。如果新品无法切中市场主流需求，失败将不可避免。

即便成功上新，并熬过上述四点，并不代表新品能成为优品，甚至是爆品，品牌仍将应对挑战，可分以下三个步骤阐述。

1.洞察市场趋势，挖掘市场增量

找对消费群体，找对消费者痛点，才有机会将新品做成爆品。在产品立项前期，洞察整个市场趋势和增量机会，借用户反馈在反哺营销的策略。

阿里巴巴平台有超过百亿级的商品池，通过数据技术能力和算法能力，将商品池进行聚类，切分成具体的细分市场。再根据细分市场增长趋势排名，找到有爆发机会的品类。为了将市场增量的每个角落全覆盖，阿里巴巴平台上还分布一些具有专业洞察力和时尚敏锐度的趋势达人，深入挖掘他们关注的功能点，可以带出产品创新机会。

总之，通过观察品牌和精品情况，找到消费者在该品类下的集中诉求，通过关联场景、关联需求挖掘增量市场。

2.新品上市前需要策略调优

新品上市需要经历蓄水期、预热期、种草期、持续打爆期四个阶段。

（1）蓄水期可以组织消费者共创，线上调动消费者参加兴趣话题讨论，从产品功能到包装设计为新品脑暴创新。比如，九阳在天猫发起了"招募厨电合伙人"的活动，吸引5000多名"95后"参与，得到许多启发性反馈。

（2）预热也是测试，是产品上市前的预演，通过仿真的消费页面测试哪些是消费者感兴趣的信息，哪些低质创意阻挡了消费者收买意愿。比如，亿滋"坚果抱抱"通过测试发现奥利奥消费者也喜欢吃坚果，确立了"饼干＋坚果"的跨品类机会。新品上市当天售卖超过50万包，进入新品品类TOP 10。

（3）种草期是正式上市的开始，新品上市全周期都需要内容种草，帮助品牌在上市阶段实现新品冷启动向热炒作的转化。将种草达人分为头部、腰部、尾部，分布于种草各个阶段。从蓄水阶段开始，尾部达人开始种草，为新品上市后的规模转化做铺垫。预热阶段时腰部达人进行口碑发酵，快速起量。真正的种草核心期是头部达人发挥作用，借助名人影响力彻底引爆。

（4）持续打爆期是延续种草期之后的阶段，继续提升品牌影响力，实现规模化种草和销售转化。比如，2019年"双11"联合利华旗下品牌力士通过主播分层和社交裂变矩阵方式实现产品秒空。这波操作中，不仅有淘宝第一主播之称的薇娅直播带货，帮助品牌创造3分钟卖出十万瓶的业绩，同时与快手拥有3000万粉丝的带货主播王辛巴联动，真正做到规模化爆发和口碑积累。

3.全渠道共振帮助品牌跨端多场景运营

成熟的平台体系不仅拥有线上零售场景，线下商超、便利店和自有门店，也形成数字化场域，有数字娱乐和数字媒体布局，实现跨端、跨场景运营。

泸州老窖是经典白酒品牌，按理说与年轻人的需求并不搭界，但通过洞察年轻人追求个性定制的需求，与年轻消费群体建立起情感联系。通过阿里妈妈线下的LBS（基于位置的服务）的触达能力，建立针对年轻人的"好酒不用装"的产品心智。再利用"双11"期间实现全域种草和新品打爆。泸州老窖的获客占比远高于行业标准，成交排名行业第三。

总之，新品上市需要持续推力，作用于不断创新、优化迭代的过程，帮助有潜力的新品成为优质品、趋势品、爆品，甚至是下一个进入亿元俱乐部的超级单品。

百威啤酒积极寻求品牌创新

啤酒可以与所有饮食娱乐场景结合起来，丰富的场景催生了多样化品类需求，因而必须寻求品牌创新，扩展啤酒种类。2015年，百威啤酒成立ZX Venture，将精酿啤酒作为品牌重点关注的创新方向。

近年，百威ZX Venture加大力度创新开拓中国市场，利用数字化工具向消费者讲述品牌的故事。下面针对百威的品牌创新做出解读。

1.洞察当前市场与用户需求

纵观全球酒类消费趋势，精酿啤酒不仅是增长最快的酒类细分市场，还带来了颠覆性的商业机会。为什么精酿啤酒发展如此迅猛？百威增长事业部亚太北区副总裁茅瑞黎给出了解读：

（1）酿造理念与品牌态度。与大规模酿造的传统方式不同，精酿啤酒的酿造理念与品牌态度彰显了独特性和差异性，能更好地传递品牌主张。

（2）地域性特征。产地是酒类消费的重要元素，精酿啤酒对产地更为敏感，地域性更强，本地化要求程度更高，很容易吸引特定地区的消费者。

（3）多样性。相对于大批量酿造啤酒至少所需9个月，精酿啤酒只需要4～5周，因此企业可以更多样地创新种类和口味，并且选择生产。

2.从新到大的本土化创新之路

目前，中国精酿啤酒细分市场并未被完全开发。百威认为，应该依照精酿啤酒的产品特性，对消费者进行更多引导，促使消费者接受创新啤酒品类。

具体做法是：百威ZX Venture先考虑初创项目在某一地区内是否足够成

功，再考虑是否推广到其他地区或国家。因此，百威 ZX Venture 的使命中必然包含了在中国验证市场机遇及品牌创新方案，进而向全球化市场推广，将 ZX Venture "从新到大" 的能力应用到整个组织。

3.借助电商渠道，实施单品推介

百威的运营体系兼顾了初创公司的敏捷灵活和大公司的资源优势，有利于尝试更多业务创新实验，实现可持续的品牌创新。

结合中国发达的数字电商消费环境，百威与盒马鲜生合作，选择"福佳玫瑰红啤酒"进行营销尝试。首先对产品进行特殊包装，使其突出同类产品序列；其次抓住"520"这一本土营销节点，通过线上线下联动+电商渠道大促，提升品牌知名度和体验感；最后利用 Vlog、微博 KOL 开箱直播等方式，提升品牌声量。

4.瞄准重点消费群体推出其他产品

在确认首款选品得到消费者认可后，百威继续利用本土化营销节点"618""双11"进行大促。

比如，与天猫平台合作进行全国推广。先是基于天猫平台洞察消费者数据，然后百威将消费者进行分类，在瞄准重点消费者群体后，进行了大规模市场营销。最终，福佳天猫旗舰店销售的单品冠军是玫瑰红啤酒，销量占到成交总量的1/3。经数据研究发现，在82%的新消费者中有47%是第一次接触这个品类，并且形成回购流量。

正是通过单品出击+重点群体垂直打击的方式，百威成功地挖掘到了新市场，并抢先占领消费者心智。

5.数字营销加持扩大影响

经权威调查，美国精酿啤酒已经占据整个啤酒行业消费的25%，中国只占据不到10%，市场增长空间巨大。虽然福佳红啤酒得到了中国消费者的认可，但要想真正撬动中国精酿啤酒市场，这还远远不够。百威想到的办法是投资一个具有发展前景的中国精酿品牌，于是选择了拳击猫作为切入点。

拳击猫诞生于上海，历史超过10年，品牌消费者的30% ~ 35%在上海本地。百威希望通过拳击猫帮助品牌在中国市场快速传播，为品牌发展提供新动力。

2019年，百威与天猫创新中心合作，在对2000个消费者数据样本分析的基础上，结合中国新年推出拳击猫新品"大橘大力"。为打造新品牌形象，吸引消费者注意，百威在淘宝直播、抖音、微博等社交平台上展开病毒式营销。

为加强消费者对精酿啤酒的认识，建立更加紧密的品牌联系，百威在数字平台上首创性地将中国精酿啤酒消费者分为四类，从入门级到极客级，还总结出啤酒极客的14种气质。拳击猫新品"第一血"就是为入门级饮者打造，培养他们独特的饮酒气质与消费习惯。

通过电商渠道和社交平台的双布局，拳击猫在精酿领域的品牌形象日益提升，逐渐成为中国第一精酿品牌。由此可见，数字化营销创新让品牌更有力量、更迅捷地触达消费者，为品牌创新提供了空间。

良品铺子围绕"食尚更新"做出品牌更新正确示范

新零售行业面临的最大问题是同质化,产品的趋近度越来越高,很多品牌都在思考如何能在持续创新中迸发创造力,促进品牌快速增长。

创新的领域无非是两个,一是产品自身,通过不断改良迎合用户新的喜好或解决用户新的痛点;二是宣传方式,持续注入新创意提升对用户感官和心智的刺激程度,以此增强用户与品牌间的黏合度。结合这两点,很多优秀品牌做得不错,比如良品铺子,堪称品牌更新的范例。

1.基于大数据绘制用户画像

绘制用户画像的目的是精准掌握用户需求,在此基础上进行产品创新,以满足用户"挑剔"的口味。

用户画像又称"用户角色",是勾画目标用户、联系用户诉求、设计产品方向的有效工具。在大数据时代背景下,用户画像最初在电商领域得到应用,将充斥在网络中的用户每个具体信息抽象成标签,再利用这些标签将用户形象具体化,从而便于品牌为用户提供有针对性的产品或服务。

作为实际用户的虚拟代表,用户画像一定不能脱离现实,形成的用户角色必须有代表性,能代表产品的主要受众和目标群体。因此,用户画像需要满足PERSONAL八要素(见图6-4)。

P基本性（Primary）该用户画像是否基于对真实用户的情景访谈	E同理性（Empathy）该用户画像是否引发同理心	R真实性（Realistic）用户画像是否看起来像真实人物
S独特性（Singular）每个用户是否是独特的，彼此很少有相似性	L长久性（Long）用户标签的长久性	N数量性（Number）用户画像的数量是否足够少，便于设计团队区分

A应用性（Applicable）设计团队是否能将用户画像作为工具进行设计决策	O目标性（Objectives）该用户画像是否包含与产品相关的高层次目标

图6-4 用户画像八要素

在海量用户声音中提取关键词，就是基于大数据绘制用户画像。良品铺子发现了用户时尚品质生活的新主张——海味产品，具有高营养价值＋季节氛围。于是，良品铺子打造了海洋牧场系列产品，作为高品质零食新代表，开创了海洋零食大众消费的新时代！

2.视觉创新，C位出道

在职场和商业中，"80后"已渐成中坚，"90后"正在异军突起，"00后"也开始跃跃欲试，但在消费领域却没有详细划分，这三个年龄段都是最重要的群体，并主导着未来消费趋势。鉴于年轻消费群体对颜值和体验的重视，良品铺子紧跟节奏，以时尚前卫的概念海报和"大片＋KOL内容输出"，以视觉创新革新品牌形象。

比如，良品铺子巧妙关联零食口感和场景，赋予零食时尚感和仪式感，颠覆用户对零食的一般印象："法式热吻吃法"演绎单身快乐；"交杯吃法"表现情侣间的无限宠溺；"五连吃法"联络老朋友，结交新朋友……

这些让人过目难忘的创意吃法，让一众KOL（关键意见领袖）围观同时输出大量内容，"良品体"攻心用户带来情感催动。

3.新颖线下活动＋大咖站台

消费者的需求日益精分，口味越发独特，要想拉近与用户的距离，必须在玩法上创新，尤其是线下活动。良品铺子将视觉上的时尚感知直接落地到线下活动中，围绕"体验"进行创新。

比如，海洋牧场系列零食产品给用户带去了"海味"联想力，在内陆城市成都搭建起海洋之屋，现场海洋氛围浓郁，用户尽享"看海"乐趣。并结合"零食＋时尚"打造零食主题时尚秀，从味觉与视觉双方面俘虏用户。

为进一步提升味觉和视觉效果，良品铺子一方面邀请国际级大厨亲自制作琳琅满目的精致餐点，另一方面请到星厨林更新为"良品铺子12周年盛典"空降压轴。

总之，良品铺子和天猫Club联合为粉丝打造一场全感官极致体验，借助大咖的号召力和活动现场的话题效果引流，实现流量变现。

第七章

品牌裂变中的小众与高端

品牌裂变不仅是高端品牌要考虑的问题，也是很多小众品牌生存发展的必备路径。很多小众品牌运用了正确的方式让品牌得以快速扩展，大踏步买入大品牌行列。本章将针对小众品牌与高端品牌的不同裂变模式进行阐述。

小品牌如何实现大裂变

小品牌从广义上讲是小众品牌，是较少为人所知的、新生的初创品牌，特点是较难打开市场，也不易生存。从狭义上讲，小品牌是新锐设计品牌，多为手工量产，性价比高，且拥有收藏价值。

常规意义上的小众品牌仍是广义上的，这类品牌普遍新创，没有用户影响力，没有市场号召力，想要实现向大品牌裂变，需要了解很多东西作为助力。从中拣出最重要的，介绍小众品牌的特点、品牌推广的阶段、各类营销渠道。

1.小众品牌的特点

小众品牌因为处于初创期，更贴近市场需求最前端，是惯用品牌中分离出来的细分性不可替代品牌，因此具有针对性的市场定位，能够满足特殊性和稀缺性。于是，从意愿上和现实因素考虑，小众品牌不可能也不需要与大品牌一样做规模经济，只需要祭出自身的优势，如产量有限、手工制作、孤品设计等，贯彻物以稀为贵，甚至有钱也买不到的逻辑。

关于小众品牌的特点，可以从针对性、产品构思、媒体投入的角度切入，逐一分析（见图7-1）。

2.品牌推广的阶段

小众品牌想做大，必须进行品牌建设与推广，扩大品牌的知名度、美誉度和影响力，从而实现产品营业额的增长。品牌推广要结合品牌自身的发展阶段，适时、适度、适法地进行。

针对性	产品构思	媒体投入
对立于奢侈品牌、大众品牌，小众品牌的目标群体数量更少、范围更小，表现出更加精英化、更强针对性、更有人性化、更重体验化的特点。	小众品牌更注重产品创作的概念，设计追求绝对别致、难以复制、辨识度极高的特点。	奢侈品牌靠市场营销和单品利润支撑；大众品牌靠大规模传媒轰炸获得规模经济效应。小众品牌的广告媒体投入极少，增大对设计和品质的投入，更强调以产品本质突出其价值，用设计、质量、创意说服消费者。

图 7-1　小品牌的特点

（1）导入期。品牌开始与客户面对面，开始参与行业竞争。客户群中一定会有"第一批吃螃蟹的人"，他们是客户群中的意见领袖，可能成为品牌日后坚实的拥促者。

（2）成长期。品牌进入导入期正规后，就会收到用户反馈的有关产品、定位和推广方式的信息，及时收集整理有利于品牌改进。在品牌对重要因素审视调整后，就能适应用户并超越竞争者，以此进入成长期。

（3）全盛期。确立品牌核心，塑造品牌个性，锁定品牌利益，提高品牌知名度和美誉度，提升用户对品牌的忠诚度和信任度。当上述前提逐一实现后，品牌进入高速发展阶段，势头无可阻挡，直至遇到行业发展天花板，品牌的发展势头才会放缓。

（4）稳定期。没有品牌会一直高速发展，因此在全盛期后就会进入相对稳定的阶段，品牌的影响力和美誉度持续稳定，用户对品牌的忠诚度和信任感持续稳定。到该阶段品牌才算真正从小品牌跨入大品牌行列。

3.营销推广渠道

鉴于小众品牌在推广之初不具备大范围影响力，因此可以地理位置分布模式寻找推广渠道，常规方式分为：线下广告、移动广告、本地门户、搜索引擎、社会化媒体等。

（1）线下广告。优势是设计简单，内容精练，人群密度区越高的区域，广告价值越大，如当地繁华地段的广告牌，人群密集的小区、楼宇，各种户展等。缺点是不确定性较强，且难以跟踪效果。

（2）移动广告。优势是形式多样，如微信、QQ、陌陌等；按流量付费，预算可控，效果可追踪。缺点是专业优化能力要求较高，需明确目标人群，否则会减弱投放效果；对内容质量要求很高，低质内容将只有流量难有转化。

（3）本地门户。即硬广告，投放与垂直分类网站，如58同城、赶集网、当地论坛等。优势是基本免费或费用很低，缺点是保量不保质，效果不理想，属于附属类广告载体。

（4）搜索引擎。如百度、360、搜狗、火狐、极速等，百度旗下还包括品牌专区、华表、阿拉丁等。因为定向精准，搜索引擎流量的转化率相对较高。

搜索引擎推广可分为两种：SEM（搜索引擎营销）和SEO（搜索引擎优化）。

SEM可帮助建站初期的企业在缺少关键词排名的情况下，实现成功被检索和流量快转化的效果，但成本也较高。SEO则花费较少，但见效慢，周期长，需要持久维护。建议企业在网站建设初期就融入SEO，URL地址以不超过四层为宜，精简代码，设置关键词，设计网站地图。

（5）社会化媒体。做好社会化营销，通过用户传递价值成为电子商务网站宣传推广的重要渠道。媒体形式包括：博客、论坛、SNS、微博、RSS等。

比较火的主流方式有：①大微推广：微信或微博大号，一般按次付费，以大微量级计价；②网红带货：邀请网红博主、行业大咖等进行产品体验推广，将粉丝转化为购买力；③直播平台：通过直播平台每周定期直播，逐渐积累优质且忠实的客户群。

电商助力小众品牌快速裂变

淘宝平台为什么能快速崛起？淘宝是因为什么吸引住数不尽的用户？

不是因为淘宝销售大牌产品，也不是因为大品牌产品在淘宝上得到更广阔推广，而是因为淘宝给了多如繁星般的小众品牌生存下去的机会。这些小品牌如果不是入驻淘宝，恐怕永远也没有做大的一天，但进入淘宝后，网上市场的巨大空间给了它们驰骋的机会，繁星才有机会真正闪耀。

淘宝创立之初，自身也属于小品牌，与大品牌之间有看似难以跨越的距离。淘宝的生存策略从来不是与大企业、大品牌挂钩，而是与小企业、小品牌同一战壕，就像马云说的"让天下没有难做的生意"，他说的"生意"就是小生意，他要借助淘宝平台让商业领域大占比的小生意人更好地活下去。

于是，淘宝逐渐壮大了，壮大到如今已经成为世界顶级电商平台。马云的愿望实现了，在淘宝上的确没有难做的生意，想创业但资本不足的，就可以在淘宝这类的电商平台上注册即可。然后通过各种符合消费者心理和市场需求的运营方式，将品牌推广裂变。

小品牌从知名度、影响力，到用户的忠诚度和认可度，都无法与大品牌相比；广告投放的力度、品牌宣传的纵深，也无法与大品牌抗衡。因此，小品牌想要异军突起，占领用户心智制高点，必须另辟蹊径。恰逢网络时代到来，打破了太多营销推广方式，电子商务更是借助东风平地而起，如今大有攻占实体经济的趋势。

1999年，中国电商起步；2008年，中国电商腾飞；2013年，中国电商领域版图基本稳定。可见，经过二十年的发展，中国电商已经成熟。如果说从前小品牌随电商一起发展是好机会，如今小品牌畅游于成熟的电商商海中也是好机会。毕竟成熟的体系有助于企业快速梳理出发展线路，也能够在具体策略上帮助企业快速实现。至于小品牌如何借助电商之力实现自身快速裂变，我们以化妆品领域的护肤产品为例进行阐述。

十几年前，人们对于护肤品的选择还执着于大品牌，认为大品牌的东西一定好，至于是否真的适合自己的肌肤，没有多少人考虑。但在十几年后，理性护肤已经取代盲目崇拜成为主流认识，人们会认真分析自己的肌肤状况，并有针对性地选择最合适的产品。当有效成为重点，伴随这一市场需求而生的是一些高效的小众品牌。为什么说这类小众品牌是高效的？是由产品的有效性决定的，要么运用天然有机成分，要么蕴含高科技专利配方。不用铺天盖地的广告投放，也没有大品牌的影响力加持，仅靠效果就成为市场上被用户深度挖掘的好产品，而用户挖掘的渠道就是电子商务。

电子商务的发展让许许多多年轻的国货小众品牌获得了机会，他们并不像传统品牌那样靠实体店与消费者接触，而是借助各种渠道让品牌在短时间内迅速获得知名度和影响力，以此网罗一大批忠实铁粉，将用户对品牌的忠诚度彻底拉高。

与瑞士内克拉斯实验室合作研发的、以"植物轻护肤"为主旨的护肤品牌"美沫艾莫尔"成立于2010年，就是从网络渠道切入，时至今日知名度并不能与传统大牌相比，但销量却十分可观。美沫艾莫尔创始人张沫凡说："实际上现在年轻人们已经非常熟悉网络，网络电商能够让我们第一时间接触到消费者，也能让他们在第一时间内了解到和产品有关的信息，是一种极为有效的双向沟通方式。"

互联网的迅速发展，小品牌在机会大增之下要求也会越来越高，因为信息共享，人人都可以成为"专家""达人"。

　　除了更多国货小众品牌有了更多可能性外，不少国外小众品牌也借助电子商务直接杀入中国市场。国外小众品牌始终是存在的，为什么只有电子商务可以将他们带入中国市场呢？原因在于这些小众品牌在中国没有代理商或经销商，也就无法销售，电商平台的出现解决了这个问题。

　　著名的美妆小众品牌欧臻廷只有4个单品，单独开立实体店绝非划算的事情，反倒是借力成熟的网络电商模式更为实在。电商平台销售的前景，取决于产品品质、宣传效果和使用体验等多个方面，对此欧臻廷都是有备而来。

　　仔细研究欧臻廷的成分表，其配方中的水溶银胶成分和DNA HP海洋精萃成分，能够有效对肌肤进行修护和保湿。在产品品质有保障的前提下，欧臻廷收获了第一批种子用户，他们又将使用体验传播出去，让欧臻廷的销售额更上一层楼，成为美妆领域里不容小觑的力量。

　　在积累了一定资本后，欧臻廷大手笔出击，邀请好莱坞女星和超模进行单品宣传，该单品迅速蹿升为网红单品，短时间内迅速收获一大批拥趸。在进入中国市场前夕，欧臻廷亚太区经理Tianyi向媒体介绍说："我们接下来会在天猫开设旗舰店，消费者可以很轻松地买到产品，也不用再找代购……电商渠道本身会更便捷，也可以跟消费者直接进行沟通，对于我们来说是非常理想的一种模式。"

　　通过对国内国外小众品牌案例的介绍，可以知道有着极大便利性的网络平台，是品质口碑皆出色的小众品牌接触消费者的最佳选择，以及实现品牌快速裂变的最佳途径。

头部品牌布局多品牌战略

　　头部品牌一定是大品牌，往往是行业龙头企业所打造，能够引领行业，也可在某种程度上影响用户心智。就像每年各季节举行的世界顶级时装发布会，就是由头部品牌完成。发布会可以展现品牌的思想，也通过时装流行元素引领时尚，通过现场展现引导消费者心理。只有头部时装品牌才能实现上述三项效果，因为大品牌受关注程度高。

　　头部品牌是不是可以单独挑起企业经营重担呢？当然不是。一个好汉三个帮，大品牌也需要一些辅助品牌做僚机，才能发挥头部引领的作用，甚至一些大品牌不再满足于发展辅助品牌群，而是发展多个能与头部品牌并驾齐驱的大品牌，最终形成多个顶级品牌群，彻底锁定行业领袖地位。因此，很多行业头部品牌都在致力于布局多品牌战略，具体布局模式借助家具行业头部品牌为例，深入探讨家具行业头部品牌实施多品牌战略的原因？以及多品牌战略给家居行业的竞争格局带来哪些深远影响？

　　截至2019年，家居行业头部企业的终端门店数都在一两千家以上，有的则达到了三四千家，欧派的各类门店总数近七千家。行业内部将这种终端扩展称为"跑马圈地"，不断招募新经销商，让企业保持高速增长。但随着"跑马圈地"完成，终端部署已趋于饱和，家居行业被迫迎来"新常态"，要想进一步增长必须思考新的增长方式，多品牌战略便是一种增长新路径。

　　以欧派、美克美家、索菲亚、大自然、慕思、金牌、志邦为代表等家居行业头部品牌纷纷开启多品牌战略，创立了少则一两个，多则六七个姐妹品牌。家居品牌布局多品牌战略的原因是多方面的（见图7-2）。

渠道快速扩张可以带来持续增长，多品牌战略有利于深耕渠道。

品牌是企业经营的重要资产，多品牌战略能增加品牌资产积累。

多品牌战略能有效防范风险，互联网时代，单品牌风险偏大。

多品牌对应多品类，是家居企业进行相关多元化扩张的必然方向。

图 7-2　家居品牌布局多品牌战略的原因

布局多品牌的家居企业，终极目的是实现新增长，但鉴于企业各自的状况，布局的思维路径和方式方法皆有不同，大致可以分为四类，以案例形式呈现。

1.用多品牌实现无边界品牌扩张

代表品牌：尚品宅配和索菲亚。

尚品宅配和维意定制作为维尚集团的姐妹品牌，拥有不同的品牌调性，并且长期并驾齐驱。2019年，尚品宅配品牌群又添新成员——圣诞鸟整装。该整装品牌在品牌群内承载着"平台重构，整装进击"的战略任务，让维尚集团进一步丰富了业务模块。

索菲亚旗下有司米橱柜和易福诺地板。索菲亚是家装细分领域的领军品牌，在实现品类扩充的同时，采用新品牌可以避免稀释原有品牌。

2.多品牌覆盖不同消费层级

代表品牌：美克美家和慕思。

美克美家是成品家具行业的头部品牌，旗下不仅子品牌众多，还分主线和副线，包括：美克美家、A.R.T.、A.R.T.西区、YVVY、Rehome、恣在家 Zest Home等。美克美家的多品牌战略＋主副牌调性，通过覆盖更多消费群体进一步扩大市场份额，服务高端的同时也兼顾大众。

寝具领域头部品牌慕思走的路线与美克美家不同，并没有真正推出多个全新品牌，而是运用不同系列去覆盖不同人群，包括：歌蒂娅、V6、凯奇、0769、儿童、3D、兰博基尼、Pauly等。各系列有精准的消费群体定位，可覆盖不同的消费层级市场，使品牌占据更大纵深的消费领域。

3.进一步贴近新生代消费群体

代表品牌：欧派、好莱客。

对于家居行业来说，主流消费群体永远持续迭代，年轻化是重要命题，品牌必须贴近年轻人，符合年轻人的选择。

欧派的定位一直是中高端群体，但在2015年欧派推出了家居定制子品牌——欧铂丽，定位以"年轻时尚、高质低价、功能实用"，通过高颜值、个性化的定制家具，迎合年轻人的生活态度，满足新生代表达自我的心理需求。

与欧派的路径相同，2019年好莱客联手齐家网退出全屋定制品牌——Nola。以"轻时尚，轻生活"为品牌理念，突出时尚、简约的风格特征，更加贴近年轻人的审美。

4.服务一个新渠道

代表品牌：罗莱、美克美家、慕思·苏斯。

如果同品类的多品牌在同一渠道简单复制，不仅会增加企业运营成本，还会互相挤压市场份额。因此，同品类的多品牌运作，必须考虑渠道多元化，什么品牌匹配什么渠道，设计什么产品。

LOVO家纺是罗莱生活全力打造的电商主力品牌，因为专注电商渠道，

LOVO的营销模式灵活多变，为消费者带来最舒心的优质床品。

美克美家旗下的恣在家Zest Home也是专注电商渠道的品牌，是全新的C2M（用户直连制造）线上商业模式，预约购买，按需生产。采用成品定制＋全线上销售模式，服务于第一次置业的大众型年轻人。

除了打通电商渠道外，线下渠道扩展也很重要，慕思·苏斯是慕思旗下品牌，为欧派线下全屋定制店提供专供产品。

以上是借助家具行业阐述头部品牌布局多品牌的路径与方法。最后说一点，家居行业的典型特征是整体容量大，消费频次低，品牌建设与推广成本无法像快销品那样进行快速分摊和回流。但是，也正因为行业容量足够大，企业可以借助鲜明特色的品牌和子品牌，主动与目标消费群体接触，不求量大但求转化率够高。

"内生力"驱动美的迅猛裂变

内生力是什么？并没有明确的概念性解释，但从字面意思上看，就是从事物的内部自行生发出来的力量。对于品牌来说，内生力也是自我造血的能力，造出的"血"一定是顺应时代发展变化和市场需求的，是可以对企业内部原有的品牌、系统、链路等进行根本性改变。因此，可以蓬勃企业血管的活力，净化企业血管的环境，让企业在顺应。至于怎么造血，造什么血，我们看看美的集团是怎么做的。

2017年12月8日，美的集团董事长兼总裁方洪波在《财富》全球论坛早餐会上分享了全球化浪潮中的美的"内生力"发展轨迹。通过方洪波的分享，可以发现美的"内生力"分为两个部分：一部分是美的自身创新和自我造血；另一部分是并购之后的技术融合。基于上述，可以将美的"内生力"分成三个组合模式，分别是：国际化并购提速、智慧物流提速、研发厚度加深。

1.国际化并购提速

从德国库卡（为自动化生产行业提供生产系统、机器人、夹具、模具及备件的供应商）到日本东芝，从以色列高创（运动控制系统解决方案提供商），再到日本安川（运动控制领域专业生产厂商），美的全球化经营正在快速裂变。

方洪波表示："未来依然会通过并购实现全球化经营。在过去十几年中，美的通过国内的小型业务并购、海外的代工业务、新兴市场的布局等积累了很多的实践经验。现在，美的完全有能力完成海外布局和海外并购的交易和整合。"

美的并购一路走来，恰好反映了美的"内生力"的进阶路线，从早期的小家电生产，到以OEM（代工生产）方式走出去，再到OBM（代工厂经营自有品牌）、强化自有品牌，到如今的规模化国际并购，以及设立全球创新中心。核心是以技术实力站稳国际市场，美的已经从单一追求规模，升级为技术创新和国际化驱动的品牌成长。

2.高效智慧物流

美的早有布局智慧物流之意，直至与全球最知名的机器人开发公司德国库卡并购后，美的智慧物流正式开始起步。双方完成并购后，德国库卡帮助美的在机器人本体生产、工业自动化方案、系统集成、智能物流等领域全面布局。

将旗下原"安得物流"更名为"安得智联"，美的要向外界传递出从人力驱动向科技驱动的变化，通过KUKA和Swisslog(库卡集团2014年新增的智能物流业务板块，专注提供仓储和配送中心自动化解决方案)的顶级技术支持，打造智慧物流体系。

2017年8月，美的科技月活动期间，安得智联首次对外亮相了智能搬运机器人（AGV）AIR-pick，并已在安得智联内部的智能仓库试用，随后根据使用情况和市场反馈制订具体销售计划。

安得智联从开行科技驱动后，致力于提供智慧物流集成解决方案，提供整车、快运、仓配一体化，开展供应链、国际货代、冷链等多元业务。

3.研发厚度加深

作为美的"内生力"裂变最重要的一股力量，来自全球的顶级研发人才奠定了美的技术的厚度。在过去一个大的产品研发周期里，美的通过全球化布局，形成了涵盖中国、美国、日本、德国、意大利等多国的研发与生产体系，旨在通过内部的协同更好地为美的小家电、白电（可以替代人们家务劳动的电器产品）、机器人等业务提供技术创新支持。

基于全球领先的技术研发，多样化的产品覆盖，以及遍布世界各大地区的生产基地，美的进一步强化了海外成熟市场竞争的基础。

方洪波介绍说："美的很早就开始意识到，中国的制造业都是通过大规模、低成本做起来的，粗放型的增长模式在金融危机后就已经基本失效，美的必须要找到新的发展模式，对原有业务进行转型和升级。因此，美的开始致力于技术创新和产品创新，希望以此发展独特的技术和领先的产品，与竞争者形成市场差异化。此举也的确为美的下一步的转型积累了更多的资本和经验。有了足够的现金流，我们才有能力去开拓海外市场。整体来说，美的通过研发和创新进行升级转型与海外市场开拓，二者是相辅相成的……未来两到三年，美的将聚焦于企业内生式的增长，把现有的业务、并购的项目整合好，不会再有更大规模的并购活动。"

主攻下沉市场 APP 的裂变细节

品牌无论小众还是高端，都需要不断裂变成就自己。但裂变并不是只需花钱就可以的，还需要一系列有效的活动做配合。在网络时代，任何品牌都必须开发线上裂变，以增强品牌的裂变宽度。那么，品牌裂变活动中，有哪些方法可以影响营销传播效果呢？

近年来，主攻下沉市场的 APP 兴起，如拼多多、趣头条，裂变玩法成为营销活动的必备手段，裂变的基本模式离不开砍价、众筹、拼团，但相应会衍生出很多新颖方式。本节将从已知的和可预知的裂变活动入手，找出品牌线上裂变的几个关键细节，仅供借鉴。

1. 限时＋限量

如果一次线上活动仅拿出靠谱的品牌背书和设置诱人的奖品，只能吸引用户对活动产生兴趣，并不能引导用户尽快参与。但增加了限时与限量元素，情况将发生根本性改变。

限时与限量通常联合运用，可以成倍增加用户参与活动的紧迫感，就等于给用户一个为什么 TA 现在就要立刻参与这个活动的理由，因为活动是有期限的，奖励是有限制的，先参加先受益。

拼多多经常抛出限时限量的双概念，激励用户当下立即参加活动。在2019年国庆期间，拼多多推出"砍掉金额可超过全国90%用户"的活动。进入砍价页面就能看到大大的"VIP特权"警告，后面还跟着一串时间，还有两个多小时。任何一个对砍价有兴趣的用户都会被这个幸运的"VIP特权"当场转化，在剩余时间内会疯狂邀请亲朋为其助阵，毕竟过了这个时间点，自己就不再享受特权了。不过在此需要指出，这类终端APP几乎每天都有各种优惠形式和特权加持，但用户不可能每天都登录去买东西，每次进入看到有优惠就会激动，不希望自己错过好几回。

限时与限量虽然经常联合使用，但具体功能还是有区别的。限时用于激励用户参加门槛较高（价格高或价值大些）的活动，因为以时间为准，只要在规定时间内完成APP设定的任务，就可以获得奖励。限量则适用于激励用户参与门槛较低（价格低或价值小些）的活动，因为以数量为准，什么时间奖励完毕是不可控的，如果活动门槛较高会让用户产生退缩，毕竟没人会知道自己辛苦到最后，奖励是不是发放完了！

2.设置用户分层利益

早期提到拼多多，最让人迷幻的就是那句"砍一刀"。原本低调蛰伏的亲朋群，有一天突然因为"砍价"聚集起来，能引发七大姑八大姨们集体狂欢的，就是拼多多的"砍价免费拿"活动。因此有人说：逃过了拼团，却没逃过拼多多的"砍一刀"。

但并非所有用户都愿意为了砍价而不断邀请亲朋好友为自己助阵，不砍到0元免费拿绝不罢休。一些用户只是小砍，满足心理预期就可以了。对于愿意调集所有人脉资源砍价的用户和不太愿意邀请亲友砍价的用户，如何在同一个活动里同时抓住他们呢？这就需要从用户分层利益方面思考，设定奖励和裂变机制不同层级的对应关系，让玩法覆盖重度分享、多量分享、少量分享、不愿分享的各层级用户。

在拼多多的"多多赚大钱"活动中，用户无须邀请好友，每天签到做任务就能攒金币，再用金币兑换权益。活动内容有：参与金币抵现金、完成印钞机加速、三餐领金币、制定页面拼单、参与现金签到……

愿意分享的用户赚取金币的速度会快，但那属于"多劳多得"。而不热衷分享的用户也有在拼多多赚取福利的机会，只是赚取的速度慢，如果用户发现自己的金币还达不到兑换心仪物品的门槛，为了不让之前的积累失效，一定会有一部分人暂时转变为重度分享群体。

3.强化"已得到"

今天出门丢了50元钱，会不舒服！今天出门捡到50元钱，会很高兴！今天出门捡到50元钱，后来又丢了，会很懊恼！

这种心情的转变属于人类天性，对"失去"比"得到"更加敏感，如果是得到或即将得到，然后又失去的，会更让人难以接受。品牌活动裂变就需要借助人类的这种天性，给用户一个值得拥有的东西，并强化放弃所付出的成本。

活动A：每天参加可以获得一定数量的抵扣金。

活动B：每天回来可以收获抵扣金产生的利息。

请问：上述哪种活动对用户召回的效果更足？显然是B。因为B在A的基础上增加了利息奖励，如果只是每天参加活动，只能收获抵扣金，但如果每天再回来一次，则能多收获利息。这种情况下用户会认为自己不回来一下就等于到手的奖励飞走了，在心理上是不容易接受的。

留存型玩法几乎都是每天签到得到奖励的模式，拼多多却做出了改变，"多多赚大钱"的金猪储蓄罐里的金币是自动储存，到时收取的模式。用户不用时刻记得收取，只要在时间方便时点击收一波即可。

强化已得到还体现在用户挽留阶段，拼多多砍价的规则是，一进来先砍掉大半，然后越邀请人多，价格砍得越低。但过程是漫长的，即便到后面想要放弃也会觉得可惜，就会一直砍下去。也就是说，只要开始参与拼多多砍价，十有八九会一砍到底，裂变在砍的过程中主动形成了。

4.好友助力

裂变的最早形式是拉好友帮忙完成各种任务，初期的有：下载APP、加购商品、填写评论等，后来逐渐翻新花样，如邀请好友来猜、邀请好友拜访、邀请好友组队、"偷"好友APP里的东西等。只要是通过"好友行为与我相关"的逻辑，刺激被邀请者或被关联者的积极性，将以往的轻助力升级为重助力。

比如，微信读书的读书小队，用户组团后开启领读模式，互动攒积分，当团队积分达到对应门槛就能得到奖励。

再如，2019年年初刷屏的课程分销活动，除了邀请用户主动发起分享，还激励被邀请者深度参与，因为被邀请者的钱进了邀请者的口袋，怎么也要继续分享以便赚回来吧！可见，这种模式更厉害，接近"病毒传播"的效果。

5.打磨文案

前边的几项都是在活动的玩法上下功夫，最后我们谈谈活动正式开始前的文案准备。如今线上活动，可以说是"活动未做，文案先行"。

文案是要给用户看的，能否在第一时间抓住用户心理，关系到接下来的活动转化率，如果从文案上就失去了用户的关注，活动的效果往往不会太好。文案需要根据活动的特性设定不同的内容与形式，但核心要做到：帮助用户和平台表达想表达的，就是要替用户和平台说出心里话，这就离不开三个技巧：拟人化、利我性、可靠性。仔细分析会发现，这三项是最贴近人性的需要。

（1）拟人化的主要特点是"人"，用人的口吻替用户和平台说出让被邀请者动容的话。比如"不好意思打扰了""拜托帮帮忙""爱你哟"等求助类词汇，能够引发被邀请者的恻隐之心，不忍心拒绝了。

（2）利我性是对"我"有利的，这里的"我"指的是被邀请者。比如"一起免费拿""好友同时领"等，告知被邀请者你帮了我，你也有领福利的机会。

（3）可靠性是文案可信度的根本，比如"拼多多官方砍价"就具有可靠性，因为是官方的，用户知道转发不会受骗，还会按照内容所示获得奖励。

第八章

以多元化品牌战略抢占市场

产品迭代是传统经济时代就提出的概念，是针对不同时期的市场需求不断更新换代产品，以适应消费者需求。品牌矩阵是近年来新兴的概念，是企业内部自有品牌的自我裂变。产品迭代是品牌的基础，只有产品一代代的升级，品牌才能实现矩阵发展，从打造品牌到打造品牌系，多元发展、多边竞争，抢占每一个市场角落。

聚焦新线市场与人群

什么是新线市场？是建立在移动互联网增长空间的概念上。移动互联网的兴起是在一线城市，然后蔓延到二线城市和部分三线城市，新线市场则是像其他新的增长空间扩展，通常为三线城市、四线城市和五线城市，它们是新线城市，也是新的"消费前线"。基于将在新线市场上的深耕细作，可以列出四个现象，分别是规模化增长（Expanse）、消费力强劲（Expense）、互动性娱乐（Engagement–Entertainment）、圈层化影响（Elevation）。

1.规模性增长

在中国互联网人口红利趋缓的背景下，一、二线城市的网民覆盖量已经趋近饱和，而新线城市网民的数量增加非常迅猛。虽然表面看起来，新线城市的设备持有量已经很高，但调查后发现，人均设备持有量只有50%，即平均每2个人1部手机，因为人口基数庞大，市场的增长空间仍然非常大，这就形成了规模化增长。当增长能够形成规模，围绕增长所做的工作才具有价值，也能够长远发展。

2.消费力强劲

相比较一、二线城市人群的消费深度，新线城市人群的消费升级欲望强烈。但同样对比一、二线城市，品牌在新线城市消费渠道并没有完全搭建成型，大量品牌的开拓步伐与新线城市人群的消费欲望不成正比，甚至远远落后，但这并不能阻挡新线城市人群的消费欲望。2017年的"双11"数据显示，新线市场的消费规模历史性地超越了一、二线市场，表现出极佳的消费潜力。

有人会质疑"双11"的消费走量基本都是小额消费，新线城市人群在这方面有优势，不代表在大额消费领域也有优势。但据数据显示，到了2018年7月，新线市场计划买车的人群超越了一、二线市场6.1%。

汽车是大宗商品，通常是家庭中除了购置房产外最大的消费，但相对于房产的必需性，车辆并非必需，因此买车消费能力的提升，说明了新线市场消费水平的整体提升。

随着中国移动互联网的普惠，电商物流的广域建设，新线市场的消费能力还将被进一步释放，成为更具潜力的消费蓝海。

3.互动性娱乐

互动性娱乐由两个单词构成，可以看成娱乐为先和积极互动两个部分。因为娱乐和互动是不可分割的，娱乐通常带有互动，互动也伴随着娱乐性。

（1）娱乐为先。大城市的生活节奏偏向紧张，小城市则多显舒缓，因而新线城市的人群的闲暇时间相对较多。当人们生活水平大幅提高，又有了充裕的休闲时间后，就会追求娱乐消遣。娱乐的种类有很多，能让身心得到更好放松的会受到广泛反映，如阅读、看视频、播放音乐等。调查后显示，短视频类APP在新线城市人群的受欢迎程度排名最高，超越了即时通信。意味着短视频APP正成为新线城市人群最主要的娱乐工具，其中娱乐直播最受欢迎。

（2）乐于互动。新线城市人群具有高活跃度性的特点，通过短视频类APP可以看出，大量的奇闻逸事类视频被发布，并通过分享、点赞、评论等方式互动交流。据统计可知，新线城市网民的短视频投稿意愿和社交互动意愿较一、二线城市网民分别高出7%和6%。

4.圈层化影响

基于新线城市人群的思维观念、受教育水平、熟人社会关系等因素，比

一、二线城市人群更愿意接纳圈层达人的意见。而且达人的范围并不限定，从个护、美妆、服饰、鞋帽，到汽车、奢侈品等，达人的导向性作用都非常明显，因此近年来社交电商在新线市场呈现爆炸式增长。

比如，主打15秒原创生活短视频社区的火山小视频APP，因为主打"短视频＋直播＋话题圈"的模式，鼓励用户分享记录生活，因而深受用户喜欢。为了极大锁定用户黏性，全网独创"火力系统"，并针对行业达人推出10亿元补贴政策，打造"百万行家计划"，塑造了短视版职业百科全书的地位。

在火山，不仅热爱生活，更热爱生活的活力！

从产品矩阵看品牌决心

你第一次看到今日头条，会想到它是做什么的？做新闻的吧！

是的，今日头条是个性化推荐新闻的客户端。自2012年8月上线以来，用户迅速扩大，如今已经被称为"国民应用"和最能占领GDT（国民总时间）的应用之一。能够取得如此巨大的成绩，不仅因为今日头条在新闻方面做得成功，更因为它在经营方面也发生了转变，推出了不少家喻户晓的新产品，形成了产品矩阵。

通过今日头条的产品矩阵完成的过程，可以看到今日头条的品牌决心。本节以今日头条的核心产品为主体，对其产品矩阵和战略打法予以分析。

1.推荐引擎

今日头条的最初模式是通过个性化推荐打穿用户群体。其实，推荐是一项技术，可应用于各种产品。

今日头条客户端是产品矩阵中最核心的产品，是用户数、DAU（日活跃用户数量）/MAU（月活跃用户数量）最高的，是其他产品内容的流量分发地。今日头条的客户端以用户建模为基础、以推荐为引擎、以头条号作者为内容源。

目前，今日头条的主流竞品有阿里巴巴的UC、腾讯的天天快报、百度的Feed流。和BAT相比，今日头条的优势在哪里呢（见图8-1）？

内容源把控	竞品劣势
头条靠内容驱动（淡化大V）、丰厚的广告分成，圈住大批头条号作者和机构在此生产内容。	手机百度的用户是因为有了明确的搜索诉求才会打开手机百度，得到想要的结果后就会关掉入口；UC从手机浏览器切入，但里面的模块太多太大，像个大集市。
相关多元化	**先发优势**
今日头条多元化的各种产品也是强大的竞争优势，多元化的战略目标也在于此。	今日头条先占领了用户和市场，潜在竞争者将难以进入。

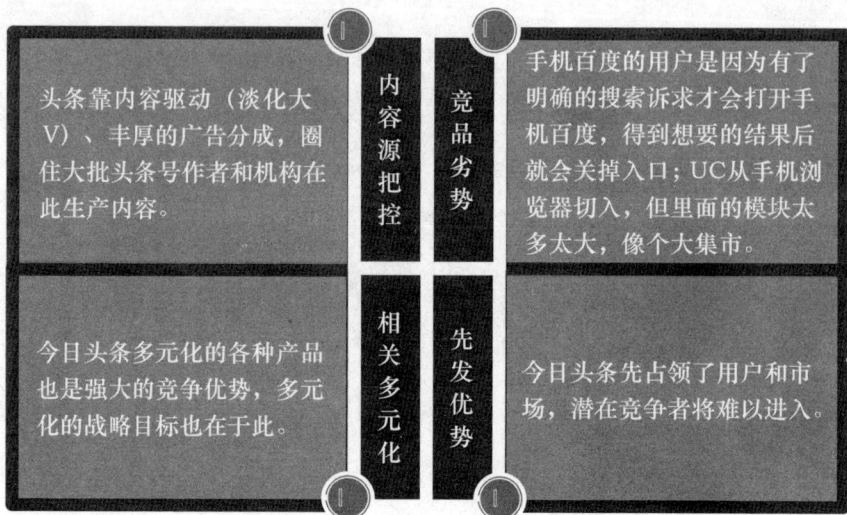

图 8-1　今日头条相对于 BAT 竞品的优势

2.搜索系统

点击今日头条的搜索入口，子页面会出现"热搜词""历史记录""猜你想搜"三个模块。

在此我们不继续搜索了，需要思考一个问题："我们发起搜索的动机是什么？"

或许想要了解某个概念，或许要查询一些资料，或许要了解热门事件，或许要学习某类知识，或许要掌握某种新式化妆技巧……不论是什么都不会直接对应今日头条，但如果是正在浏览今日头条时产生了搜索动机，就会在今日头条中直接搜索，这就是"闭合搜索动机"。

还需要思考一个问题："今日头条为什么做问答？"

问答是搜索的标配。比如百度，四分之一的搜索请求都是以问题形式提交的，所以"百度知道"应运而生。因此，问答非做不可，问答对于今日头条的产品矩阵有着重大战略意义，最终我们看到了"悟空问答"。

3.内容社交

说到内容社交，人们首先会想到微博，其较高质量的内容特征和产品设计得到了用户的认可。原本内容社交是新浪微博的天下，但今日头条的社交媒体产品微头条出现后，很短时间内就被看成可能是弯道超车微博的产品。

可以将微头条看成轻量级头条号，用户可以从菜单栏点"发布"即可创作，有视频、文字和图片形式。

为什么要开发微头条呢？今日头条的天使投资人刘峻说："头条之前都是长文，文章长了用户看着累，而且创作成本也高。所以早在2013年，我们就已经开始讨论做短文了，一来丰富内容，二来可以让整个头条的内容变得更鲜活。"

这番话能很清晰地看出微头条的战略目标：让用户更易创作，让读者有更多选择。微头条的运营方式很大程度上借鉴了微博和知乎，不仅是内容形式＋图集＋文字，还有大量名人活跃。

其实，内容社交的本质除了内容，还有人的效应，培育更多大V才提升关注度是关键。与微博上的大V靠名气吸引粉丝不同，微头条上的大V靠内容制胜。只要内容好，系统就会自动推送给所有对此感兴趣的头条用户。这种设置能够吸引更多人把精力放在内容打磨上，因此微头条能在短时间内迅速输出好内容而聚集人气，大V形成的时间会缩短，形成的概率会增大，形成的范围更加趋向平民化。

以上为今日头条相关多元化的产品矩阵，这些产品之间的组合拳让今日头条越来越强大。

关于今日头条的未来会怎样？刘峻说："张一鸣更喜欢做新东西，狂热地爱好科幻，哪天头条忽然说要进军太空探索，大家也不要觉得奇怪。"

企业应如何抢滩次高端爆发期占位

随着人均可支配收入的长期提升，增强了城乡居民的消费能力，曾经条件普通的人群不仅可以轻松购买生活必需品，也可以消费次高端和高端商品，但仍以冲击次高端市场为主。为此，很多企业在着力产品矩阵时，布局次高端成为新趋势。但就当前情势而论，全国化次高端保持高增长，次高端市场空间广阔，供需存在明显缺口，形成了次高端需求扩张的基本驱动因素。

对于次高端市场开发最为迫切的领域是酒类品牌，抢占次高端，占领大众消费升级的新高地，成为各大酒企新战略。进入2018年，随着茅台、五粮液零售价格向1499元、1099元纵深挺进，高端对次高端价格带的封锁已经完全打开，发展空间将会持续扩大。

首先，全国化次高端保持高增长。进入2019年，次高端白酒依旧延续较高的增长稳定性，以水井坊、汾酒、洋河等为代表的企业乘消费升级东风，对产品结构、销售渠道等进行变革，推动企业销售规模和盈利能力快速提升。

其次，次高端市场空间广阔。民间消费的快速崛起，三公消费的基本清除，全国范围内对次高端白酒的需求量激增。反观供给端，以茅台、五粮液为代表的高端白酒，因为对酿造工艺、优质出酒率和储藏时间的要求极为严苛，因此高端白酒产量的释放必然是一个极为缓慢的过程。在这种有利局面支撑下，次高端白酒扩产仍需数年时间，短期内无法放量。如今市场上次高端需求的爆发性增长直接放大了产量端的不足，这种情况将驱动行业自然转入卖方市场。

最后，供需存在明显缺口。2012年是高端白酒市场的转折期，之前有

"酒鬼内参""水井坊典藏""洋河梦之蓝M9"参与竞逐，虽然只占到高端市场整体销量的18%，但仍然对传统的高端品牌茅台、五粮液形成一定冲击。但随后市场进入调整期，茅台、五粮液不约而同强化了其在高端市场的领导力，其他弱品牌重新调整价格体系，逐渐退出高端市场竞争。但是，高端白酒因为产量释放缓慢，加之其他品牌退出，靠茅台和五粮液支撑的高端白酒品牌难以撑起高端市场的天空。而从高端市场退守次高端市场品牌的日子也一度艰难，因为遭遇白酒市场熊市，从2012年到2018年，次高端行业年销量从10万吨下降至4万吨，行业缩水达到60%。据推算，随着市场恢复和人均可支配收入的提升，实际的4万吨供应量与需求相比存在至少一倍以上的缺口。乐观估计，次高端整体供应量未来将以每年20%左右的速度增长，到2020年将能达到年销量5.8万吨，但供应缺口仍然较大。

以上，我们阐述了次高端需求扩张的驱动因素。其中提到了一些高端白酒品牌和次高端白酒品牌，那么如何划分全国白酒品牌的分布状况、各自发展现状和所具备的优势呢？下面从销售规模、核心产区、酒品香型、市场份额等方面，对全国次高端白酒品牌进行检索。

1.按销售规模划分

业内公认的次高端白酒的价格区间为300 ~ 800元。2012年以前，次高端领域的冠军是剑南春。其后，行业开始深度调整，洋河在品牌建设上持续投入，在营销系统工程上不断创新，使其梦系列产品（代表是M3和M6）爆发式崛起，全国化布局逐步完成，不仅对江苏大本营形成高占有，并且在全国县级市场快速下沉，最终在次高端市场的品牌座次上反超剑南春，成为独一档的品牌（见表8-1）。

表 8-1　次高端白酒的销售规模划分

次高端白酒品牌年销售额	次高端代表品牌
100 亿元以上	洋河
50 亿~100 亿元	剑南春、郎酒、茅台系列酒、五粮液系列酒
10 亿~50 亿元	泸州老窖、汾酒、习酒、水井坊、舍得
10 亿元以下	今世缘、古井、西凤、酒鬼等

失去头把交椅的剑南春在此轮行业深度调整期，将战略重心转移至中档盒装品牌"金剑南"，虽然夯实了腰部力量，但未能强化次高端的竞争优势。但其后营销"水晶剑"单品时，实施连贯提价，成功跳出与天之蓝同档竞争，成为该品牌的超级大单品。

茅台系列酒和五粮液系列酒的次高端策略是依附于强品牌经销体系之下，虽然也能生存，但状况越来越差。后期决定摆脱桎梏，开始聚焦品牌，实施渠道下沉和资源配套，在轻装参与次高端市场份额的争夺中逐渐占据上风。

郎酒实施公司制改造，并且加大品牌的前置性投入，使"红花郎"产生了头狼效应，成为酱酒品类次高端第一品牌。

其他以泸州老窖为代表的名酒品牌，大多通过聚焦资源打造次高端品系，以优化推新次高端价位产品。

2.按核心产区分布划分

我国有三大传统名酒分布带，分别是以浓香型为主的长江名酒带和淮河名酒带，以酱香型为主的赤水河名酒带，还有黄河名酒带（见表8-2）。

表 8-2　次高端白酒的产地分布

产区	主流次高端品牌
长江名酒带	五粮液、泸州老窖、剑南春、舍得、水井坊
淮河名酒带	洋河、古井、今世缘、口子窖
赤水河名酒带	茅台、郎酒、习酒
黄河名酒带	汾酒、西凤、衡水老白干、河套王

长江名酒带中：

（1）五粮液发力做大"52度水晶"超级大单品的同时，重点布局系列品牌抢占次高端市场；

（2）泸州老窖弱化中端定位的百年窖龄30年，强化60年和90年的次高端定位，借助"特曲老字号"并肩发力次高端市场。

淮河名酒带中：

（1）洋河在强力聚焦"天之蓝"的基础上，梦之蓝系列的M3和M6也表现强劲；

（2）古井原浆"古8"与"古16"成为徽酒次高端代表，以趋近高端定价的"古20"树立品牌形象。

赤水河名酒带中：

（1）在茅台品牌的大旗下，茅台系列酒高歌猛进，市场份额的近半数为次高端产品所贡献；

（2）经过深度调整期后，次高端超级大单品"红花郎"助力郎酒再度销售额过百亿；

（3）茅台旗下的习酒销售额连创历史性高位，其中"窖藏1988"在销售额贡献和销售利润贡献两个方面居首功。

黄河名酒带中：

（1）汾酒在经过混改之后，重回百亿阵营，次高端品牌"青花汾酒"扮演了重要角色；

（2）西凤是传统四大名酒，在强势复兴后于2018年首破销售额50亿大关，其中次高端品牌"旗帜西凤"功不可没。

3.按酒品香型划分

因为产地不同,酒品的各种香型也有差异。国家标准的有10种:浓香型、酱香型、清香型、兼香型、米香型、凤香型、豉香型、特香型、芝麻香型、老白干香型;没有国家标准,只有地方标准的有两种:董香型、小曲清香型,也为行业内所认可;此外还有馥郁香型,执行的是企业标准,行业内也比较认可(见表8-3)。

表8-3 次高端白酒的香型划分

香型	代表品牌
浓香型	五粮液、洋河、泸州老窖、剑南春、水井坊、舍得
酱香型	茅台、郎酒、武陵
清香型	汾酒、红星、牛栏山
浓酱兼香型	口子窖、白云边
米香型	三花酒
凤香型	西凤
豉香型	玉冰烧
特香型	四特
芝麻香型	景芝
老白干香型	衡水老白干
董香型	董酒
小曲清香型	玉林泉
馥郁香型	酒鬼酒

中国白酒香型不同的原因有以下几点:

(1)所用接种剂不同,如茅台用高温曲,五粮液、泸州老窖用中温曲,汾酒用低温曲。

(2)发酵容器不同,如茅台用石窖,五粮液、泸州老窖用泥窖,汾酒用地缸。

（3）酿造工艺不同，如茅台讲究"四高一长"（高温制曲、高温堆积、高温发酵、高温馏酒和长期储存），汾酒讲究一清到底。

（4）各地区气候条件的独特性，造成了酿酒微生物的不同，以及相同微生物代谢的差异。

4.次高端市场份额预估

2012年是酒类市场的转折，向前看，2012年是白酒黄金十年的高峰，也是次高端市场发展的第一个高峰；向后看，伴随着三公消费的清除，开启了白酒行业的深入调整。

有低谷就会有高峰，到了2018年，白酒行业开始呈现新一轮集体复苏。次高端主流品牌从2012年到2018年的总规模分别是：2012年总规模是313亿元，2013年总规模是175亿元，2014年总规模是111亿元，2015年总规模是145亿元，2016年总规模是192亿元，2017年总规模是269亿元，2018年总规模是387亿元。

从该组数据中可以看出，此轮行业的量价齐升局面主要受益于次高端市场的增长拉动。次高端市场份额的下滑仅持续两年后，便开始进入拉升阶段，终于在2018年超越了2012年的最好水平。

总之，无论是新晋入局，或是深耕酒水领域多年，都必须准确洞察次高端白酒市场的竞争格局，掌握次高端白酒市场目前最新动向与未来趋势。下面，以五粮液品牌为例，看看企业如何抢滩占位。

2018年，在白酒市场集体复苏之际，五粮液推出"内控酒"，深锁新中产群体，无疑就是瞄准了次高端的风口。

在五粮液的产品体系中，以"五粮"字头命名的"五粮醇""五粮特曲""五粮头曲",加上系列酒方面的"绵柔尖庄""百家宴""火爆酒""五粮人家""友酒",为其自营品牌。

其中,"五粮醇"是五粮液公司的重点品牌,主打大众宴席消费市场,致力于打造成为中国小康生活用酒第一品牌。"五粮特曲"与"五粮头曲"是五粮液公司集中资源大力打造的腰部战略核心品牌,是五粮液从"名酒"到"民酒"的重要布局。"五粮系"的市场价集中于200元价格带。

在系列酒方面,五粮液形成了"1＋4"的品牌矩阵。价格从低到高为:"绵柔尖庄"不仅是传统老品牌,还是中低端塔基品牌,拥有最广泛的群众基础;"百家宴"定位为中华家宴酒,适用场景为家宴消费;"火爆酒"定位为轻奢精酿小酒,锁定年轻消费群体;"五粮人家"定位为高品位精品白酒,是"1+4"自营品牌中唯一的"五粮"字头品牌;"友酒"定位为次高端社交白酒。"1+4"自营品牌组合,基本实现了400元以下主流价位全覆盖。

纵观上诉产品,虽然"友酒"定位次高端,但品牌亮度不够,次高端价格带仍然空缺,"内控酒"正是瞄准了这一关键点,因此具有非同寻常的价值与使命。首先,"内控酒"定位在次高端价格带,既不会让消费者和专属渠道"望而却步",又填补了五粮液品牌矩阵中次高端价格上的空缺。其次,"内控酒"定位在新中产群体,复刻经典,唤醒70年代人们记忆深处"熟悉的那瓶老味道"。可见,"内控酒"无论是自身内在价值还是未来发展占位,都担当着抢占次高端市场的重要使命。

张瑞敏说过:"没有永远的企业,只有时代的企业。"在次高端市场风起云涌之际,企业需要抓住新诞生的酒品文化和消费需求,深度布局,抢滩占位。

从小米手机到小米之家

　　小米进入人们的视线时，只有手机这一个品牌系列。小米发展壮大的过程，也是小米手机深入人心的过程。随后人们惊喜地发现，小米的产品多了起来，并且创立了"小米之家"，销售让大众眼前一亮的新颖产品。

　　小米公司对于小米之家的期望是巨大的，从其疯狂的布局就可以看出。从2011年年底正式开业，到2019年年底，小米之家在全国已有近600家门店，几乎覆盖了全国所有地级市。其间常出现六地同时开业，或七地同时开业的盛况。

　　有人说，这是因为小米着急，更确切地说是雷军着急，所以才这么疯狂布局。雷军也不否认着急的事实，在互联时代的背景下，一切都需要快速完成，快速实现，慢一步就会落居人后。那么，小米为什么如此着急呢？可以从四个方面分析。

1.线上渠道不仅饱和，还有些扭曲

　　曾经人们认为线下渠道是饱和的，因为线下市场容易受地域所限，而线上仿佛永远无法饱和，毕竟面向的市场是无限广阔的。但随着过去数年电商的疯狂发展，品牌们纷纷涌入，逐渐地鱼龙混杂，甚至有些拥挤，线上的竞争变得越来越激烈。但一个怪现象是，好像被疯狂冲昏了头脑，人们只认为线上是未来，线下是过去，因此线上才是一切，线下一无是处。

　　这样的想法是错误的。没有哪种类型的市场模式会永远不饱和，即便前景再好，一旦饱和也将从蓝海过渡为红海，甚至深红海，都挤在里边，最后谁也活不好。

当纯线上的小米意识到线上已经趋于饱和时，为了不让企业发展受阻，开始强力布局线下。随着线下布局深入化，线下效果越发凸显，小米更加清晰地认知到，线上可能只是渠道的一小部分，线下才是渠道的大部分。

为了和以往的线下区分开，小米的线下体验店，从布局到商品类型到服务都是颠覆式的，这一点从进入小米实体店的那一刻就能感受到。在实现线下大覆盖布局的同时，小米将高效率的线上模式和强体验的线下模式相结合，成功实现了跨越式发展。

2.增强产品体验，还快乐于用户

随着互联网发展的成熟化，和大众对于电子商务认知的成熟度，很多曾经深度迷恋网上消费的人逐渐开始脱开线上，回归线下。当然，这种脱开不是彻底的，回归也不是彻底的，但现象就是，线下重新恢复了活跃。

消费者之所以回归，原因在于切身体验。曾经线上销售的火爆，是因为带给了消费者前所未有的另一番销售体验，当新鲜感和热情逐渐消退后，人们发现评价一款商品的好坏，切身体验和亲身感受，永远是最真实的。

但很多企业并未发现消费者的回归意愿，仍然以广告发布和口碑建立进行吸引，小米之家的出现给了消费者体验的机会，也给了消费者购买的机会。

体验式消费的过程中，消费者是快乐的，因为能够明确地知道，自己买到的商品是符合自己应用需求和心理预期的，消费的过程没有怀疑和忐忑，也不必担心日后退还的麻烦。如果一个人在消费的过程中感受到快乐，就会对让其产生快乐的场所记忆深刻。

3.加强品牌认知，创造"家"的氛围

小米之家是怎样的存在？是实体店啊！是体验店啊！这样的回答都没

错，但小米公司对小米之家的定位是广告载体。

小米发展至今，品牌知名度与日俱增，如今已是国内顶级的综合性品牌。但再强大的品牌也不可能达到让所有人听到品牌名字就愿意购买产品的效果，毕竟人对外界物品需要有自我判断的过程，没有这个过程，就难以形成最终评价，就会限制一部分人的首次购买欲望。正因如此，小米创立小米之家，让人们最近距离体验小米的各类别产品，人们对看得见摸得着的产品更容易产生信赖。

从对外传播产品体验的角度看，小米之家实体店是不是广告载体呢！实体店能够最大限度转化对小米不太了解和仍不放心的人群。可见，实体店的出现不仅能广而告之，更能增强用户黏性。

更为重要的是，小米之家为消费者创造了一种"家"的氛围。小米实体店全部为直销模式，风格统一，管理严格，让到店的用户能享受到最好的体验，也让众多"米粉"有了温暖的"家"。

4.抢占智能家居领域

2014年，智能家居一词闯入大众脑海。那一年谷歌宣布收购Nest，小米宣布成立智能家居生态链部门。至2018年小米成功上市，小米智能家居生态链已经成为拉高估值的重要环节，因此小米被称为"国内最大的物联网企业"。

什么是智能家居呢？智能空调会根据用户到家的时间自动开启工作；智能门锁让用户无须担心锁门的困扰；智能拖地机与智能洗碗机，更高效地协助用户整理家务……总之，把智能科技融入人们的日常生活和工作中，AI成为未来家居的构成核心。

目前，中国的智能家居市场仍处于起步阶段，尚未形成成熟规范的行业体系，智能家居产品也并未得到广泛普及。但不可否认，智能家居已经开始一步步改变人们的生活工作方式，无时无刻不在渗透着便捷梦幻的生活理念。

敏锐洞察到智能家居广阔的市场前景和巨大的发展潜力，是促使小米成立智能家居生态链部的原因。成立六年来，小米在智能家居领域不断探寻深化，逐渐由单品小米路由器，发展形成小米路由器、小米盒子、智能摄像机、智能音响等多种智能家居产品构成的产品矩阵。

如今小米智能家居处于行业领军地位，分析其中原因，先于其他企业开始布局纵然是因素之一，但其实并未快多少，小米智能家居制胜的根本原因在于对用户的高黏合性、高转化率和高性价比。

小米的MIUI系统拥有2.5亿活跃用户，小米巧妙运用用户对小米新产品的期待，在拉取新粉丝的同时，借助小米之家带动他们走向智能家居生活体验。高颜值的外观＋简约时尚的设计理念，进一步对用户形成品牌黏性。因此，已有相当占比的小米手机用户顺利转化至小米智能家居市场。而且，小米紧抓高性价比的产品理念，将智能家居从高端化下拉至大众化。在小米之家中，所有小米智能家居产品的价格都是亲民的，这并不意味着品质的下降，相反小米智能家居产品已经在市场形成口碑效应，成为高质量的代名词。

这就是小米智能家居生态链部长期以来要打造的品牌形象，也是产品理念，就是"年轻用户买得起的第一个智能家居"。

腾讯的品牌布局之路

1996年夏天，在以色列诞生了一种对中国网络影响巨大的软件——ICQ，利用互联网实现人与人之间的即时交流。后来Mirabilis公司成立，向所有注册用户提供ICQ服务，1998年美国在线以2.87亿美元收购了ICQ。

在ICQ从诞生到为人所知再到受人欢迎的短短两年时间里，中国也受到了影响。1997年，马化腾初次接触ICQ，深深被吸引，感觉这种通信方式不仅新潮，还非常神奇。但当时ICQ的界面很糟糕，导致使用不方便，又因为是英文的，想在中国推广简直难于登天。马化腾想要创造一个新的更为便捷的ICQ，但苦于没有机会。1998年，马化腾和大学同班同学张志东注册成立"深圳市腾讯计算机系统有限公司"，经过一系列波折后，中国版ICQ——OICQ正式上线。

就在中国版ICQ逐渐占据了中国市场90%的份额时，也被美国ICQ注意到了，一份美国在线律师函被送到腾讯公司，诉讼理由是中国版ICQ侵犯了美国ICQ注册商标。解决的方式以腾讯公司主动改名而告终，于是QQ出现了，伟大的即时通信帝国正式踏上征途。

之所以要介绍这一段腾讯起家史，是为了让大家对品牌有另一种玩味性解读，强大如腾讯，在创立之初也经历过侵权风波，可见对品牌意识的培养要"从小"抓起，企业才得以最轻松的姿态开疆拓土。

如今腾讯已经成为生态性企业，涉及众多领域，旗下有N多品牌，有人将腾讯视为巨无霸，有人将腾讯视为跨界王，无论哪一种说法都说明了腾讯品牌战略布局的成功。但是腾讯的品牌布局不是从创立之初就有的，而是经历了一段极其艰难的阶段之后，才让马化腾认识到不能"将鸡蛋放在一个篮子里"，要多为企业创造利润点，企业才有更广阔的发展空间和抗打击能力。那么，究竟是怎样的艰难呢？这要从腾讯的发展史说起，腾讯的发展可分为五个阶段，每个阶段都会有一个发展方向。

第一阶段：艰难的摸索期

1998年，广东电信以90万元招标，做一个即时通信系统，彼时的腾讯主要业务集中在建立网上寻呼系统，却依然选择应标，但没能中标，只能自己去做。为了满足中国用户的习惯，OICQ进行了一系列的调整。发布后8个月内，用户量高速增长。但繁荣很短暂，2000年一方面要面临ICQ起诉索赔1000万美元的危机，另一方面要面临互联网泡沫的破裂。马化腾甚至考虑卖掉腾讯，万幸得到香港电讯盈科的投资，OICQ也主动更名为QQ。腾讯度过了最困难的时期，但腾讯不能总依赖外界保护自己，腾讯需要强大起来，找到自己的盈利方式，并且大力开发其他领域。

第二阶段：盈利模式出现

2000年6月，QQ注册用户突破1000万。腾讯取得了相当大的成功，但仍然没有盈利模式，必须做出改变，引入一种在QQ上获利的方式。

第一，腾讯通过与运营商的合作，中国联通70%的用户通过QQ发送消息。

第二，腾讯发布了自己的平台货币——Q币，定价为1元人民币=10Q币。

第三，腾讯建立了一系列基于QQ及其衍生产品的社区，如"QQ秀"。

第四，腾讯开发了在线游戏中心，并制定了一项政策：所有游戏内购买都要使用Q币。

到2002年，腾讯基于QQ的生态链正式有了雏形，随即迎来了用户量的爆发式增长，注册用户达到1亿。

2003年，腾讯的无限增值服务又开创一条盈利链条，如QQ会员、QQ头像等。2004年，腾讯开始进军网游市场，到如今已经是业绩第一了。也就是说，从2003年开始，腾讯开始涉足其他领域，正式进行品牌布局。2003年进入媒体和广告业务（腾讯新闻）；2005年布局Web 2.0（QQ空间）、进入"搜索＋电子商务领域"（SOSO和拍拍）、又开发媒体娱乐版块（腾讯音乐）；2006 ~ 2008年推出QQ旋风和QQ医生。

第三阶段：扩张布局的转型

2009年，除了电商、搜索以外，腾讯在每个领域基本都是前三。直至2010年，腾讯在网络安全领域的扩张遭遇当时行业霸主360的强力抵抗，爆发了"3Q大战"。这场大战可以被看成是中国互联网史上最大也最血腥的战役之一。

经历了"3Q大战"的洗礼，腾讯意识到了自身的短板，2010年11月11日晚，马化腾通过内部邮件称："过去，我们总是在思考什么是对的。但现在，我们要更多地想一想什么是能被认可的。"就在此时，腾讯明确了第三阶段的发展方向，即以开放和分享为主题的战略级的行动，具体为：腾讯宣布将原先公司封闭的公司内部资源转而向外部的第三方合作者无偿开放，包括开放API、社交组建、营销工具、QQ登录等。

第四阶段：移动互联网

2010年，QQ成为全球首款同时在线人数破亿的即时通信软件。此时腾讯开始向外投资，比如向DST投资约3亿美元，与美国思科公司建立长期战略合作伙伴关系。腾讯依靠QQ建造了一个帝国，影响力已由国内放射到世界。

成绩永远都是昨天取得的，想要未来更美好，就需要不断创造。从2001

年开始，移动互联网就有了概念，到2009年开始迎来爆发。腾讯于2011年1月21日推出"微信"，第一波拿到了移动互联网的门票，虽然期间面临激烈火竞争，但因为有QQ庞大的用户群做基础，最终赢得了胜利，进一步牢固占据了PC端和移动端的即时通信领域。

其实，腾讯推出微信并非QQ用户量下滑，一方面因为移动互联网时代到来的需要，另一方面QQ没有对手。没有对手是非常可怕的，长期下去就会失去防范心理和战斗能力，如果猛虎长期打盹儿，就有可能被猎狗偷袭得手。因此，腾讯要自己创造对手，将外部竞争转化成为内部竞争。

同时，腾讯没有停止投资之路，4.5亿元入股华谊兄弟传媒；8440万美元入股艺龙网；1000万美元投资珂兰钻石；8.92亿港元购得金山软件15.68%的股份……这些行动说明了两点：一是腾讯正在多元化发展；二是腾讯确实资产雄厚！

第五阶段：泛娱乐

泛娱乐是指基于互联网与移动互联网的多领域共生，打造明星IP的粉丝经济。泛娱乐的核心是"IP"，可以是一个故事、一个角色或者其他任何大量用户喜爱的事物。

泛娱乐概念的雏形在多年前由盛大公司的陈天桥提出，他希望打造一个网上迪士尼，但由于当时技术、意识和环境都不具备，只能暂时搁浅。

2011年，腾讯集团副总裁程武正式提出"泛娱乐战略"的构想。最终经过三年多的实践与培育，腾讯互娱在已有的腾讯游戏基础上，相继推出腾讯动漫、腾讯文学、腾讯影业、腾讯电竞，共五大业务平台。目前已基本构建了一个打通游戏、电竞、文学、影视、动漫、戏剧等多种文创业务领域的互动娱乐新生态，初步打造了"同一明星IP、多种文化创意产品体验"的创新业态。

　　腾讯自从开放平台以后，除了最重要的核心业务必须自己研发掌握，其他非核心业务都是通过投资、收购、占股等战略手段间接控制。只要腾讯认为有前景的项目，就出巨额投资或者直接收购。

　　至今，腾讯投资的企业覆盖面非常广泛。业务多达数十种类型，企业服务、泛文娱、电子商务、金融、汽车交通、物流行业排名在前，得到腾讯的重点照顾。此外，近年来迅速走红的智能家和区块链行业也已在腾讯的布局范围之内。虽然投资的企业众多，但随着近些年这些企业不断上市，腾讯公司也是收获颇丰，不断扩增企业市值。

华为用品牌扩张带动全球扩张

2019年，对于华为来说并不好过，因为遭遇了美国的品牌封锁，但华为是倔强的，也因为华为对自己品牌的自信，面对不利局面勇敢地打品牌牌，在围追堵截中走出了一条用品牌扩张带动全球扩张的大路。

5月21日晚，荣耀在伦敦举办新品发布会，"特殊时刻"问世的"荣耀20"毫无意外地成了明星产品，收割了当天的媒体流量。

英国《卫报》刊文称："在华为遭遇美国封锁的背景下，荣耀发布两款顶级手机'荣耀20'和'荣耀20 Pro'，正试图在日益激烈的中高端手机市场占据主导地位。"

路透社引用荣耀总裁赵明发布会上"脸上保持微笑，心中保持自信"的开场白，并表示"华为将其终端设备业务的不确定性推到一边，对中国技术实力进行了一个充满自信的展示。"

不确定性并非来自华为自身，而是来自外部环境的施压，华为的技术实力毋庸置疑，所以荣耀的全球化策划不可避免会遭遇一些阻力，但将时间加长就能明确看到"任何一个市场都不会对优秀的品牌和产品竖起高墙"。这就是美国立起的墙，其他国家未必响应的原因，荣耀虽然暂时处于一种微妙的境地，但其品牌扩张的带动作用仍在持续，华为全球化扩张的策略仍然不变。

1.打价格战不如做品牌

如果企业因为外部环境原因遭遇品牌或产品被压制，而盲目以价格战的形式希望杀开一条血路，只能说明这样的品牌是缺乏自信的。华为从不参与价格战，也不会发起价格战，因为没必要，华为的品牌是质量的保证，华为相信如今的用户已经理性化，不会因为简单的价格便宜这一个因素就购买廉价手机。正因如此，在华为遭遇美国品牌封锁时，依然坚定将荣耀20系列的首发地放在伦敦，荣耀正式"出海"了。

近两年，中国智能手机市场增速放缓，本土手机企业纷纷将目光投向海外市场，华为也不例外。在荣耀20系列发布之前，荣耀已经做了五年，在国内积累了超高人气，此次首发选在伦敦，一方面展现荣耀的品牌自信，抢占全球品牌高地；另一方面加快荣耀的品牌全球化布局，夯实华为全球扩张的战略。

在荣耀20系列正式"出海"之前，荣耀手机的海外市场销量已经喜人，2018年海外市场销量同比增长170%，海外销量整体占比超过25%，在法国、英国和捷克同时进军TOP 5之列。

荣耀逆势增长的成绩并非一蹴而就，而是长期的全球化布局战略引领的结果。荣耀的全球化布局最大的特点就是不通过降低售价挤入海外市场，而是以提升品牌力建设的优先级和增强产品本身的综合竞争力赢得海外市场。

"荣耀20"发布会后，赵明在接受媒体采访时，以中国手机品牌进入印度市场的前景为例进行深度阐述。在他看来，通过非常激烈的价格战迅速铺开市场，短时间内可以使市场增量，但仍然是短期的爆发期，并没有长期的持续力，而且对品牌的健康发展也有极大的负影响。华为不是单纯追求短期销量，而是要长期站稳印度市场，因此需要在当地市场实现本土化生产，构建起持续运作的体系。

赵明的理念核心是一定要加强品牌力建设，形成品牌文化、产品理念和企业价值观的同步输出，才能最终赢得消费者的信任。正是得益于持续的品牌力建设，曾有部分海外消费者认为荣耀手机是英国品牌或者法国品牌。因为荣耀能够跻身英法市场TOP 5，很难想象在欧美的成熟市场，一款来自东方的手机品牌能够占据重要地位。此次"荣耀20"选择在伦敦首发，并且销售量快步提升，此前长期的品牌力建设功不可没，当品牌占领全球品牌高地时，产品自然会站在行业最高点，企业的全球扩张战略也能顺利实现。

2."三驾马车"带动全球扩张

荣耀手机的全球化布局，得益于荣耀品牌的全球化扩张。那么，荣耀如何实现全球市场范围的品牌扩张呢？

（1）用跨界的品牌穿透力打破用户边界。比如，荣耀与国际潮牌MOSCHINO跨界合作，实现科技创新与时尚美学的碰撞，既打破了科技与时尚的边界，也打破了不同消费群体间的边界。与MOSCHINO合作只是荣耀跨界的一个案例，荣耀的跨界涉及方方面面，赞助极限运动赛事、举办校园音乐大赛……

（2）用科技美学主义构建智能手机美学体系。"荣耀8"采用15层2.5D玻璃极光背壳；"荣耀9"引入背部海鸥灰3D光刻玻璃；"荣耀10"探索变色极光玻璃镀膜工艺……可见，荣耀在工业设计上，始终坚持用科技美学主义构建手机美学体系。"荣耀20"在幻镜空间设计理念的基础上，打造出无数个棱镜纹理，让手机背壳实现立体镜面效果，不出意外将再次引领手机设计潮流。

（3）结合区域位置，选定品牌区域市场形象代言人。进入美国市场，荣耀邀请布鲁克林·贝克汉姆作为全球品牌大使；进入法国市场，荣耀邀请法国小天后鲁昂·艾默拉为品牌大使；进入英国市场，选择足球明星德勒·阿里为品牌大使；进入捷克市场，选择滑雪奥运冠军伊娃·桑科娃为品牌大使。在品牌代言人的选择上，荣耀始终奉行因地制宜的策略，凸显荣耀本土化品牌力建设的决心。

通过以上三个维度的布局，荣耀用品牌的扩张带动了业务、产品和企业的全球扩张。赵明表示："荣耀的业务战略不受现在的形势和变化的影响，我们会更加积极和主动。"华为创始人任正非从来没有担心过产品没人买，只要产品做得足够好，就不会没人买。他的观点在"出海"荣耀20系列身上得到了印证。

第九章

企业品牌裂变成功案例

案例形式是最具有表现力和说服力的，能够在真实完整的基础上，将企业品牌裂变的过程呈现出来。读者可以通过阅读案例，更清晰地认识到品牌裂变的各类路径与实用方法。

江小白玩转品牌与 IP 联合营销

"总觉得没喝够，其实是没聊透。"

"所谓孤独就是，有的人无话可说，有的话无人可说。"

"最想说的话在眼睛里、草稿箱里、梦里和酒里。"

……

以上是白酒品牌江小白的戳心文案。大家之所以对江小白这个品牌非常熟知，多数是因为这些让人"上头"的文案。

在白酒市场连续几年都饱和的隆冬期，江小白却能实现逆势增长。几乎每年销售同比增长翻一番，成为红遍全国的酒类黑马。

仅在2016年，江小白在电商的表现就非凡突出，销售额突破1000万。用时不到一年，便获得京东"年度合作伙伴奖"。

那么问题来了，江小白的品牌运作和裂变成功在哪里，背后有什么值得我们借鉴的？

1.把白酒卖给年轻人，俘获"90后"的心

江小白品牌裂变中最重要的一环是找到差异化的消费群体，打破传统的白酒销售模式，敢于突破，将传统白酒重新包装，卖给年轻群体，重点俘获"80后""90后"群体。

面向新青年群体，江小白主张简单、纯粹的生活态度。极具戳中人心的表达瓶更是燃爆整个营销领域，俘获并牢牢抓住了"80后""90后"年轻人的心。这种做法也让江小白自带流量。

在这种做法上，江小白品牌抓住了"新"这个概念——新生代＋新趋势＋新形象。

面对新的用户，新的需求，在新的生意上，保有创新。江小白希望塑造一种新形象，创造一种可能。比如，江小白从重口味的白酒跳出，开始走向轻口味，做出单纯的高粱酒。

再如，江小白品牌善于洞察用户心智需求，江小白认为品牌端不能够建立强大的IP，不能够产生内容，就不会产生流量变现。所以，下一步的战略就是找到匹配的文化IP。

2.建设品牌自主IP

在当下的移动互联时代，江小白很早就意识到，假如没有内容就没有流量，而流量的来源则非IP莫属。没有IP，品牌想要裂变是寸步难行的。

江小白的IP策略，分为两部分：建设品牌的自主IP和寻找调性一致的文化大IP。

（1）建设品牌自主IP，主要体现在品牌文案上。江小白的品牌文案具有极强的沟通力和穿透力，足以引起年轻消费群体的共鸣，并且人们在畅舒情怀时便不自主地给江小白做了二次传播，制造话题，形成品牌效应。

江小白的创始人陶石泉曾说："产品出来了，剧本就来了，剧本来了，IP就来了！"这句话深深地道出了品牌社会化营销的精髓。

江小白的文案可以让消费者和其他创始人都能产生共鸣。年轻人，尤其是在大城市奋斗的年轻人，对江小白的文案有一种非常深刻的共鸣，从文案中仿佛能看到和自己一样的人的感触，这种情感上的触碰最能激发人们的共鸣。而一些企业老板也非常喜欢刷江小白，因为好像有一条"不用做推广，单凭玩玩创意"就能成功的道路。

无论如何，江小白品牌成功地用戳心的文案来打造了品牌形象，实现了品牌形象化人格，强调情绪沟通，实现文化导入。

所以，品牌的自主化IP是需要运营出来的，并且要以人为中心，传统的"以产品为中心"运营模式已逐渐被市场淹没。想要在市场和广告界中脱颖而出，如果没有足够的市场认知、没有形成广泛的粉丝群和产业链、没有品牌IP意识，再好的产品，运营起来也相当吃力。随着经济的发展，人们对品牌和品位的追求越发强烈，如果品牌没有过硬的形象IP，很快便被人们遗忘。以IP内容为中心的经营逻辑，在受众心中产生情感共鸣，并乐于分享这种共鸣，才是一个好的IP。

（2）寻找调性一致的文化大IP。2019年网络综艺节目《中国新说唱》热播，引发一番新说唱热潮，吸引大批粉丝。随着大傻、西奥Sio、KEY.L等说唱圈大热选手加入，现场比赛火药味十足，让粉丝大呼过瘾。但也有很多网友注意到，在《中国新说唱》2019中还有一个颇为熟悉的潮酷面孔——"江小白YOLO"。一个国内顶级说唱音乐节植入一档说唱综艺，这几乎是国内首例。

很多人十分好奇："江小白YOLO"为何能与一个说唱节目走到一起？"江小白YOLO"方面表示，得知《中国新说唱》节目组2019年的娱乐性和专业度更上一层楼后，他们便果断"加入"，以图与其一同向大众传递新青年文化。

作为一款备受"90后"年轻人关注的白酒品牌，江小白一直以来都在向外界传递新青年文化，实现与年青一代消费者的近距离交流。事实上，"江小白YOLO青年文化节"已经举办多年，也早已成为年轻人讨论的热门话题。仅在2018年"江小白YOLO青年文化节"的现场就汇聚了5万年轻人，当时在新浪微博中关于"#YOLO#话题"的阅读量超过1亿，其影响力非常巨大。

不仅如此，江小白还与很多体育赛事、艺术涂鸦节等联合举办活动，深深俘获了一大批新青年的心。通过赛事活动的聚集，江小白品牌时尚的现代化IP形象深入人心。

为了迎合年轻群体，品牌必须要跟着进化。任何品牌想要占据市场一角，必须要融入更年轻更时尚的文化元素，这样才能使得品牌更具有张力。显然，在通过新青年文化争夺年轻人的道路上，江小白是一个传统行业值得参考的典型样本。在消费者变得越来越挑剔、同质化商品层出不穷、广告战愈演愈烈的环境下，江小白却能够与年青一代近距离接触，甚至融入他们的生活中，实现品牌的文化裂变，着实值得每个企业思考和借鉴。

茵曼品牌孵化建设全面升级渠道

2016年7月，服装品牌茵曼所属汇美集团正式向证监会提交深圳创业板上市申请，募集资金将用于交易与交互全渠道升级改造、时尚品牌孵化建设、信息化建设三大方向。自此，韩都衣舍、裂帛、茵曼这三大互联网女装品牌所属公司先后提交了上市申请，韩都衣舍选择了新三板，裂帛和茵曼选择了创业板。

作为互联网服装品牌中的佼佼者，这三家企业代表了实体产业互联网品牌运作的顶尖水平。但是风格不同，品牌的玩法也不同。

韩都衣舍选择了平台模式，裂帛选择了保守稳健路线，茵曼选择的是品牌裂变的大变革。相比之下，茵曼更有大品牌的格局和视野，营销思维也更加超前。

在传统服装大品牌的发展趋势下，茵曼想要获得竞争力，必须要进行自我品牌的升级和超越。

从早期的淘品牌到如今，茵曼经历着互联网品牌的裂变式成长，创造了自己的传奇，也在塑造品牌3.0时代的标杆。下面，我们来看一下茵曼的品牌裂变之路。

1.打破渠道限制，探索社群化营销

茵曼在品牌的裂变上，积极拥抱开放互联网渠道，布局线下渠道，探索社群化营销，上市是一个里程碑，也是一个新起点。

茵曼属于汇美集团，其创始人方建华是一部草根创业者逆袭的最佳代表，从早期为别人代工，到创立主打棉麻女装的茵曼品牌，再到拥有十多个时尚品牌，方建华创造了自己的汇美传奇。

汇美的崛起是从茵曼开始的，而茵曼的崛起则源于抓住了淘品牌时代机遇，在国际大牌们不屑于电商的时候，茵曼、裂帛和韩都衣舍等一大批国内电商品牌抓住了淘宝天猫的流量红利期，成为服装产业的新物种。

如今，众多国际大牌纷纷触网，阿里生态的流量红利不再属于淘品牌，京东生态是需要创新探索的处女地。所以，茵曼品牌创始人方建华很敏锐地意识到"电商流量搜索红利期已过去，产品和品牌才有未来的话语权"。于是，更加重视茵曼品牌的平台无关性和独立自主，也加速了茵曼品牌的健康成长。

进入电商时代，服装电商竞争越来越激烈，茵曼越做越大，在天猫、京东、唯品会等众多渠道进行布局，逐步摆脱对单一平台的过度依赖，也让自己旗下品牌覆盖到更加多元化的消费者。

方建华意识到中产阶级的崛起改变了中国零售业，互联网一代人也进入讲求品牌、品质的消费升级时代，京东的强势增长便是消费升级的时代标记。茵曼品牌需要积累大批优质客户群，于是出现了社群营销。客户群代表的是穿衣品位和审美的消费升级，想要面向更广大中产阶级和年轻人群，茵曼必须选择社群电商生态系统。于是方建华在战略上形成了"京东＋腾讯"的电商社群生态。

京腾计划通过精准画像、多维场景及品质化体验，帮助茵曼筛选目标受众，沉淀品牌粉丝，实现了个性化品牌与精准受众的连接与融通，这恰恰弥补了茵曼等淘品牌的短板，实现了品牌影响力的提升。

2.开启无界零售，实现品牌生命体创新

在传统的互联网企业时代，企业会将淘品牌、互联网品牌、传统品牌等

概念，用于区分品牌生长场景。但随着零售业的全场景和无边界化的出现，品牌想要发展和裂变，必须要拥抱无界，实现品牌生命体的创新。

现在零售业已经进入全场景、无边无界、随时随地的无界零售新纪元。传统品牌纷纷触网，众多国际品牌也入驻天猫、京东等电商平台，此时，互联网品牌最需要做的不是打败敌人，而是要重塑自我。不是打死敌人，而是需要忘记自我，进而重塑自我。方建华曾提出："未来三到五年，传统零售商业模式会被重新改造，线上和线下必然会走在一起迈向品牌全渠道时代"。茵曼这些年一直在进行品牌全渠道布局，这也将是汇美上市融资的主要用途。

当移动互联网大潮到来之时，消费者注意力全面迁移到移动端，茵曼在这方面的嗅觉非常敏锐。品牌快速探索到了移动电商和社交电商的趋势。

茵曼曾经通过整合综艺节目、微信朋友圈及摇一摇、京东电商平台，试水移动社交电商，并且取得了更好的效果，无论在交易额还是流量增长方面都实现了翻番增长。

2015年10月，京东与腾讯宣布共同推出战略合作项目"京腾计划"，史无前例地开放了腾讯社交资产和京东电商数据，茵曼成为第一批重要合作品牌。据悉，在京腾计划的助力下，茵曼当月日均UV增长252%，日均GMV环比增长70%。

这一系列的行为，都表现了茵曼的品牌裂变策略。茵曼的裂变让茵曼这个品牌走在产业变革和升级的前沿，完成了一次品牌生命体的重要创新，也标志着茵曼的格局已经配得上对战众多的国际大牌们。

TCL 的品牌全球化路径

20世纪90年代初，全球化的意识在中国家电企业中悄然萌芽。当时 TCL 赴美参加 CES 展（国际消费类电子产品展览会）时，展位被安排在一个不起眼的小角落里。这让 TCL 的创始人李东生感到巨大的落差感。显然，TCL 品牌之于 CES，是个不被人放在眼里的小角色。

短短二十几年，中国的家电品牌已经突飞猛进。TCL 也加速了发展步伐，在 2018 年于德国开幕的 2018 IFA 展（国际电子展销会）上，TCL 以气势恢宏的展馆跻身参展品牌展馆面积第一梯队。同时，TCL 的"QLED 电视 X8"与 TCL 水晶四门一体变频风冷冰箱，分别获得了由 GIC/AHK（德国工商会）和 IDG（美国国际数据集团）共同颁发的显示技术金奖与一体变频技术金奖。

是什么让 TCL 在短短二十年从默默无名的小企业到国际大品牌？这其中一定有值得借鉴的品牌裂变模式。

1. 品牌在技术上加强创新

在世界顶级展会摘走多项含金量极高的技术创新大奖，是 TCL 产品在全球市场获得认可的直接体现。毫无疑问，TCL 的品牌裂变少不了技术上的创新，技术创新已经成为 TCL 核心竞争力，也是其撬动海外市场的重要支点。

具体主要体现在以下几个方面。

（1）在全球建立研发机构。截至 2018 年年末，TCL 集团在全球建立有 26 个研发机构，10 余个品牌联合实验室和 4 个 CNAS 资质认证实验室。TCL 集团累计申请中国专利 33220 件，美国专利 7839 件，PCT（《专利合作条约》）专利

9030件，核心技术专利能力居中国企业领先水平。仅在2017年，TCL在技术研发上的投入就高达47.2亿元，投资范围涵盖人工智能、互联网应用、半导体显示及材料等领域。可见其技术创新的决心如此坚定。

（2）海外建立工厂和研发中心。TCL的技术创新除了在全球建立研发机构，还在海外建立研发中心和工厂，这为TCL品牌和业务的全球化提供了重要支点。①TCL借此实现了海外本土市场的研产销一体化，极大降低了经营成本；②以海外研发中心和工厂为轴心，TCL业务覆盖范围得以不断扩大。

以TCL在波兰的工厂为例，该工厂五条生产线年生产电视450万台，产品下线后三天就可抵达欧洲全境。借此，TCL完成了对整个欧洲市场的无缝覆盖。

（3）建立欧洲研发中心。主要致力于人工智能基础模型开发和优化、平台、算法优化移植及核心应用项目研发，并将技术成果应用于TCL电视、通信等产业，并逐步推广到智能家居、智慧工业等领域。这意味着TCL将进一步投入在智能科技的研发上，自此，TCL逐步完成了对存量市场、新兴市场，以及成熟市场的全面覆盖。

2.孵化多个全球化IP

TCL孵化出多个全球化IP，成为全球化营销的王牌。进入全球化之后，TCL面对的是更加激烈的竞争环境，竞争对手是来自全世界的顶尖品牌。好在今天的TCL在全球化过程中仍然为自己争取到了几张"王牌"。

（1）全球化的IP。2017年，TCL冠名央视《大国品牌养成记》，系列品牌形象片《路》《行》《时代》《秘密》等相继在央视播出，同时在"一带一路"沿线15个国家230座城市投放大国品牌广告。一方面借助央视平台输出了TCL品牌故事，另一方面借力大国品牌IP实现了国家层面的价值观输出和形象打造。

（2）与顶级名人合作。TCL在2018年与世界足球巨星内马尔签订合约，内马尔成为TCL全球品牌大使，这位巨星以极高的人气和影响力将TCL的全球化带入"快进时刻"。在FIFA世界杯期间，欧洲多国主要城市与TCL新品一同直面当地消费者。借助内马尔这一大热IP，TCL拉近了与全球消费者的距离，品牌理念和价值观也借由内马尔传递至全世界球迷。

3.品牌全球化支撑起业务全球化

TCL认为品牌营销是一个潜移默化的过程，对业务拓展和产品销量的作用通常难以量化。但可以肯定的是，TCL全球化品牌营销对其业务的全球化有着明显推动和支撑作用。

以2018年俄罗斯世界杯期间，TCL在俄罗斯市场的表现为例，TCL签约内马尔及TCL＆内马尔主题广告在俄罗斯投放之后，TCL在当地销售增幅达到30%，是整体市场增幅的两倍。

仅这一点，足以看出TCL在国际上的品牌战略化的决心。在2018的FIFA世界杯期间，TCL在巴黎、法兰克福、柏林、华沙四个主要欧洲城市的机场、地标建筑展开大规模广告投放，显示出TCL对欧洲市场的重视，以及进一步打开欧洲市场的决心。

对TCL而言，进入欧洲市场绝非简单地将产品出售给欧洲的消费者，更重要的是通过有针对性的本土化营销建立起强大的品牌优势。只有这样才能保证品牌在市场和业务结构的稳定性，不至于受外部环境变化而产生巨大波动。

志邦家居的年轻化品牌营销

家居品牌的发展向来有规律，消费群体以及消费理念会随着时代和社会潮流的变化而发生变化。随着年青一代逐渐成为消费主力，各大品牌纷纷把目光投向以"90后"为主的年轻人群，竞相开启品牌年轻化的升级之旅。

然而，在品牌的升级道路上并没有想象的那么容易。在信息碎片化、品牌林立的当下，想要获得年轻人群的关注与青睐，恰到好处地求新升级，是家居品牌最为头疼的问题。

如何实现品牌年轻化，快速达到更好的品牌裂变，这其中一定有诀窍。下面，看一下志邦家居的品牌裂变做法。

1.把握消费者的消费趋势，打响品牌升级战

随着经济发展，年青一代的消费群体对家居设计、服务体验有着更高要求。然而，年轻群体也有很多顾虑，这包括家居品牌的信息不对称、产品分散选择的困扰、装修恐惧症等。这类痛点衍生出了人们对一体化选购、一站式服务的强烈需求，与此同时，行业也不断受到现代信息发展的猛烈冲击，对此不少的家居企业甚是堪忧。

志邦家居深谙年轻人的消费概念，认为必须要靠入年轻群体。首先要避免品牌年轻化沦为一句口号，其次认清这是品牌升级的一次有利时机；最后正视新时代产物，从单品类单品牌发展的"单打冠军"升级为全屋整装定制的"全能专家"，才能立于行业潮头。

于是，志邦家居在2018年8月迈出了实质性一步，由"志邦厨柜股份有

限公司"正式更名为"志邦家居股份有限公司"。

这是顺应新时代把握市场动向，以大家居为超级入口，采取多品牌及主副品牌混合发展模式，带动全屋品类的发展矩阵，让其从产品到空间、从单品到多品、从厨房定制到大家居，彼此间共生共长，相互赋能，避免多品牌的延伸模糊了品牌的心智认知，开启志邦家居全面发展新旅程。这一举措的确赢得了很多年轻群体的认可。

2.注重体验，抢占新生市场

家居产品一直以来都是刚需，因此，志邦家居认为必须要抢占新生代市场，才能站稳脚跟。当前家居行业已从基本需求升级到改善型、多选择，以及个性化需求，家居行业首当其冲成为年轻消费者追求美好生活的刚需。与此同时，随着年青一代对生活品质的要求不断攀升，理想的家不再是围绕需求的功能建造，更多的是对体验的追求，甚至从产品端转化成为情感端。

志邦重新审视，从单品类产品提供者向服务整合提供者转型，使得新生代消费者对志邦的认知从单一的橱柜定制品牌过渡到家居生活多品牌的形象，让越来越多的年轻人感受到志邦的品牌文化与底蕴，也让其可以随心所欲地追求心中理想的家与生活方式，让年轻消费人群的生活都得以提升至美好这一层面高度。

3.玩转短视频营销，实现品牌裂变

在短视频时代，碎片化时间成为人们的主要消费场景，看短视频成了他们最"省力"的消遣。随着短视频行业迅速崛起，对于寻求突破升级的品牌来说，如何利用好短视频是志邦厨房派对的重要课题。

志邦家居联合明星、时尚达人，通过"派对"化的形式，以年轻化的互动方式，在双微及抖音这两个主要平台上进行投放明星和达人的跨界视频化

传播内容，更直观地满足用户需求，拉近与年轻消费者的距离。

在抖音上，志邦家居以明星拍摄的花絮作为首发，带用户领略明星在幕后片场的动态，吸引了很多年轻群体的关注，同时也将品牌的概念更快速准确地传达给短视频用户。同时，志邦家居还发起抖音话题，并通过朋友圈广告传播，以一种年轻吸睛的社交方式，向年轻消费者靠拢。

未来的家居品牌的发展将会更加多元化和媒体化，谁能成为品牌年轻化这条赛道中的"佼佼者"呢？答案只有一个，就是必须积极拥抱年轻化的消费群体，并且拥抱这些新变量的品牌。

万事达从制造到品牌的华丽转身

提起家电品牌万事达，你可能会想到的是小家电，热水器、冰箱等。似乎对这个品牌的印象还停留在传统小家电上。实际上，万事达在当下互联网迅速变革的时代，品牌也早已做出了相应的改变。

从代工厂发展到自建品牌，面对行业纷杂竞争，品牌之路荆棘丛生，万事达也曾经动摇过、迷茫过。然而，最终还是选择拥抱互联网。

互联网时代，万事达的创始人意识到塑造品牌的机会来了，虽然一开始还是没有找到明确方向。但是经过不断摸索和探索，最终打开了自己的品牌思维，分析用户痛点，重新定位了产品，很快便让品牌裂变，并得到了用户认可。

万事达从一个制造企业到品牌的华丽转身，经历了很多波折，但其中的方法和策略值得我们学习。

1.善于瞄准用户痛点、精准定位

万事达的创始人鲍坤，为了将品牌与互联网更好地融合，亲自深入学习，参与了互联网营销的培训。

通过学习，鲍坤明确了万事达首要的问题就是如何定位。万事达主要的产品线是油烟机，于是在油烟机市场，鲍坤分析用户核心的痛点有两个：

（1）油烟中含有大量的致癌物质影响健康。

（2）油烟机清洗不方便，容易碰头。

万事达品牌从这两大痛点出发，重新梳理产品定位和卖点，上市了一款拥有超大吸力而且能够干洗的油烟机产品，满足了很多用户的需求，很快畅销热卖。

这就是定位为品牌裂变带来的好处。没有定位，假如只是一味地寻求创新，会很迷茫和无助，不但浪费物力，还会浪费财力。因此，品牌想要裂变，首先就要做好定位。定位是基础，也是品牌后续发展的一个重要基准。

2.线上＋线下，联动营销

找到用户痛点和定位之后，万事达的业务模式也发生转变，以前是"扫街"式跑单或者通过传统的展会来寻找客户，费用非常高而且效率很低，效果也不好。很显然，在互联网时代，这种方式已经过时了，甚至是被淘汰了。

通过招商加盟的方式，网站改版前，一年招商10余家，业绩4000多万元，网站改版后，一年招商150家，年销售1.15亿元，分销网点200多家。

他们还通过"线上＋线下"联动的方式组织招商发布会，线上面向省级、市级区域进行推广进行宣传造势，线下进行精准客户的邀约，取到了相当好的成果。

比如，万事达的品牌招商还很好地运用微信裂变的效应，利用每一个人群背后庞大的朋友圈，发挥从总部公司到各全国各加盟商，全员的微信朋友圈的裂变效力，从0到1，从1到N。

这样的裂变让万事达这个品牌在很快的时间内，得到很好的传播，品牌知名度和影响力极速上升。

在多元化的科技时代，万事达的科技团队还精心制作3D建模微视频，传播企业产品及文化，这些微视频新媒体渠道，通过微信端传播，在短短的3个月时间，最高的传播量达到了9万多次！观看和转载达上万次！品牌宣传取得非常明显的效果。

3.升级建设营销型网站

万事达的品牌裂变不仅体现在拥抱多元化，还体现在勇于改变和大胆升级。比如，2013年至2018年，万事达在短短几年的时间，品牌发展取得明显的效果，全国现在已经有400多家的线下体验店，在京东也设立直营店、旗舰店。这种魄力也是万事达裂变的一个很重要的原因。

2018年，万事达与牛商网再次进行深度合作，品牌全线升级网销业务，将现有线上平台全面升级成互联网营销型平台。抓住互联网的时代风口，是万事达品牌转型的一个绝佳选择。互联网营销思维重构传统行业，这也是万事达转型升级的契机所在。

找到一个好的入口，用互联网营销建立新的护城河，用新的思维、生产方式、商业模式、供应链，以及运营体系来完成升级转型。万事达品牌用实践告诉我们，有互联网营销思维的企业文化，才能打造有互联网营销思维的团队，生产有互联网营销思维的产品，提供有互联网营销思维的服务，才能最终实现品牌使命。万事达品牌的转型创新是一次"逆生长"也是传统企业实现互联网品牌裂变的重要参考。

完美日记品牌爆红+估值暴增背后的原因

2020年4月1日，老虎环球管理公司牵头厚朴管理投资公司和博裕资本（中国私募股权公司），向完美日记投资1亿美元。此次融资后，完美日记的估值达到20亿美元。

自成立以来，完美日记先后获得了4次融资：第一次在成立之年，获得了弘毅投资和真格基金的天使轮融资；2018年5月，获得高榕资本的A轮融资，完美日记估值达1亿美元；2019年9月，获得由高瓴资本领投，红杉中国和华人文化跟投的B轮战略融资，完美日记估值为10亿美元。2020年1月和2月，完美日记的销售额与去年同期相比增长了250%。随着本轮融资完成，完美日记的估值半年内翻了一番。

能获得如此频繁的资本青睐，与完美日记的品牌定位和发展战略有很大关系。完美日记的创始人黄锦峰曾担任御泥坊COO，创立Perfect Diary（完美日记）的初衷是希望把欧美彩妆风尚带到亚洲，从T台获取灵感，提炼流行元素和色彩，在视觉形象上有所突破，为年轻女性提供彩妆产品和美丽方案。

2017年4月，彩妆品牌完美日记诞生，研发了一系列"易上手、高品质、精设计"的时尚彩妆产品，涉及底妆、唇妆、眼妆、卸妆、化妆工具等，主要通过线上销售。

2017年8月，完美日记淘宝店正式升级为天猫旗舰店，开业首日线上销售额破百万元。

2018年"双11"，完美日记开场1小时28分钟，成为天猫美妆首个成交额破亿元的彩妆品牌，销售总额实现天猫彩妆榜第二，国货美妆榜第一。

2019年1月19日，完美日记全球首家线下体验店在广州开业；9月全国最大概念店在成都揭幕。

2019年"6·18"，完美日记跻身天猫"亿元俱乐部"，位居美妆类目第一，销售增速达1193%。

2019年"双11"，完美日记成为彩妆销售榜第一名，是天猫"双11"首个登顶的国货品牌。

从2019年1月到2020年1月底，完美日记完成40＋门店（实际为54家）的首年开店目标，集中分布在南方一线城市和内陆的新一线时尚城市。并宣布未来三年要开店600家，本轮融资为其线下店扩张提供了强大的资金支持。

……

时间进入2020年，完美日记依然奔驰在发展的路上。那么，品牌创立仅三年多的完美日记，如何实现倍速发展呢？

1.充分调用社交媒体

在超速成长的历程中，完美日记充分发挥了社交媒体的力量，可以说是在社交媒体的滋养下实现弯道超车的。

（1）完美日记在微博、小红书、微信、抖音、快手等平台建立官方账号，投入很大成本积极运营。比如，在小红书投放大量腰部KOL、在微信运营私域流量等，实现了爆款打造和销售增长。

2019年，完美日记全平台粉丝量超2000万，品牌声量已然超过了同类国产品牌和国际一线品牌。完美日记在抖音和小红书的粉丝数量都超过200万，百雀羚粉丝数为37.2万，花西子粉丝数为10.9万，远超很多一线美妆品牌，百雀羚的抖音粉丝30多万，花西子的抖音粉丝数量刚过10万，YSL的小红书粉丝数量12万，MAC的小红书粉丝数量30万。

（2）完美日记选择男明星做代言人，吸引大量女性用户，并强化运营，增加黏性。同时和网红主播、KOL合作，进一步贴近年轻消费者生活。

2018年8月，完美日记选择男团NINE PERCENT成员朱正廷为唇妆代言人，官宣微博转发量达到100万。品牌官博时常和代言人亲密互动，一边为代言人打榜送花，一边在微博抽奖送粉丝演唱会门票进行回馈，都是为了加深品牌和粉丝的连接。

2020年年初，完美日记与抖音口红一哥李佳琦合作，推出李佳琦宠物小狗never的同款动物眼影盘，制造新一轮营销话题的"小狗盘"和"猫咪盘"获得了成功。李佳琦直播间预售的15万盘迅速售罄，3月5日正式开售的30万盘也迅速秒光，总销售额达到5000万以上。

2020年3月28日，完美日记延续之前的思路，官宣演员罗云熙为色彩代言人，并拍摄了微电影《猎心者》，被粉丝评价为"实力宠粉"。完美日记凭借词句强力带动女性粉丝们消费，粉丝也卖力转发和安利回馈品牌。

2. 新营销模式"撒手锏"

任何一个品牌的成长都离不开营销的助推，完美日记的快速成长也是如此，其最为人津津乐道的是在品牌营销上的方法论。

2020年2月20日，淘宝将"口罩妆"设为关键词。因为面部基本全被口罩遮盖，因此"口罩妆"的关键在于突出眼部，避免闷痘和过敏，最大的难点在于如何防止因口罩长期摩擦导致脱妆。通过直播"云撸妆"，各品牌在这个概念上纷纷开动做起文章，眼影盘销量迅速拉升。1～3月，天猫国际眼部彩妆成交加速增长，其中"眼影"销售同比增长40%。

除了借助天猫平台的势，完美日记还要借助外界平台的势，与知名品牌跨界合作出联名款，比如和大英博物馆、Discovery探索频道合作，推出联名款，再与美妆、时尚等垂直领域KOL进行联合推广、宣传，从效果来看，屡试不爽。

营销产品的核心仍然是产品，产品是否过硬才是品牌长胜的根本，因此在研发方面完美日记也不遗余力，不仅与韩国最大化妆品制造厂科丝美诗（COSMAX）等工厂合作，还在推进自有研发中心和工厂的建设。

从2019年年初开始，完美日记开始布局线下实体店。不到一年时间，从线下旗舰店升级为线下概念店，概念店比旗舰店面积扩容超过10倍，承载着"高颜值、自由试用、沉浸式"体验三大功能。

通过对完美日记发展历程的梳理，可以看出其成功的过程也是品牌裂变的过程，而能够快速成功裂变的基础在于产品品质的过硬，社交媒体的充分调取和新营销模式的加持。

拉面说实现品牌从里到外共同裂变

最近，我被一款国内的网红拉面征服了，与这款拉面结缘是源自朋友推荐，当收到包裹的一瞬间，我震惊了！各种口味的拉面加起来共16盒，配有8枚卤蛋，简直超贴心。吃过这款拉面的朋友应该已经知道了，就是拉面说——近几年国内非常火的速用食品，定位高端、健康、方便，目标群体是对生活有品位、有追求的年轻一族，让他们在家就能吃到日本高级餐厅的拉面。

为什么说拉面说是从里到外共同裂变呢？从里来说，拉面说不管是面条、配料、底汤、包装设计，都秒杀市场其他品牌；从外来说，拉面说的各种推广宣传方式都各尽力度，各有作用，最终形成整体爆发。

1. 从"里"裂变

从"里"裂变分为包装、面条、底汤、配料、保质期五个方面。

（1）包装。拉面说的包装是环保纸盒，图案以符合当下年轻人的审美为宜。而且图片为实图展示，图上有的，盒子里肯定有，图上没有的，盒子里或许也有……真正做到让用户惊声尖叫。

盒子内的小包装更为惊艳，面条、底汤、葱花、木耳、笋片、芝麻、海苔等都是独立小包装。且每一样都来自不同产地，互不干扰，各司其职，葱花、芝麻都来自单独的商家。

（2）面条。拉面说采用古法手打拉面，精选河南省商丘市夏邑县的优质小麦，以高筋工艺保留较多小麦胚芽和外膜，并加碱粉混合，既有高营养，又筋道弹性。口感Q弹有嚼劲，煮过后面香味很浓。

（3）底汤。拉面的精髓在底汤，拉面说也是如此。据说拉面说的底汤是东北黑猪大骨历时12个小时熬制的，属于温火慢炖出的浓汤，赋予了一碗拉面的灵魂。

（4）配料。每种拉面说口味都有不同的配料。以大部分口味都有的叉烧肉片的制作为例，将五花肉煮到表皮金黄，再以日本味淋酱油慢炖，采用宇航员食品专用的FD冻干技术长期保存。

（5）保质期。拉面说是半干新鲜拉面，为确保口感和食品安全，保质期只有两个月！与以往印象中能放一年半载的方便面完全不是一个概念。

2.从"外"裂变

从"外"裂变就是拉面说的营销推广模式，可以分为官方报道、渠道推广、联名合作、百度指数四个方面。

（1）官方报道。最早的一篇官方报道来自创业项目推荐平台——猎云网，发表于2017年5月18日：【把拉面馆带回家，"拉面说"要把半成品面做出仪式感】

在这篇文章中，拉面说阐述了行业痛点，在于"自己做太难，方便面太LOW"，强调拉面说的差异化三张王牌——面、底汤和包装。

第二篇官方报道发表于一个月以后：【一月销售额过百万，谁说方便面最没前途？拉面说逆袭给你看】

这篇文章透露了一个有用的信息点，就是拉面说"被《奇葩说》平台米未发掘了，微信公众大号东七门放置首位进行推广销售。后来，小红书App也小跑跟进，挂上销售链接"。

两篇推文的阅读量非常可观，导演了拉面说接下来的增速效果，同年7月销售额超100万元，10月达到180万元，11月约为280万元，"双11"当天营收136万元。

（2）渠道推广。拉面说的推广渠道有微博、微信公众号、小红书、哔哩哔哩等。①拉面说的第一条微博发布于2016年8月26日，到2017年10月开始有美食号晒图推荐，后续不断邀请各路博主做推广。②拉面说官方公众号第一篇文章发布于2017年8月，后续持续发布联名产品、招聘信息、活动策划等信息，并附有积分商城、物流查询、下单等功能，相当完善。③拉面说的销量，1/3来自淘宝，其余来自小红书、下厨房、ENJOY等垂直电商。可见，小红书对于拉面说的真正崛起关系巨大。④在哔哩哔哩上搜索"拉面说"关键词，播放量过万的视频有40余个，最多达到77.4万播放量，总播放量超200万，投放效果不错。其中有与网红合作操盘的经典案例，扩大粉丝覆盖范围，展示拉面说文艺包装和食用仪式感。

（3）联名合作。2018年下半年，拉面说全面搞联名。9月25日与FGO联名推出20万盒定制款生日拉面；10月20日与网易味央推出跨界商品"广式胡椒猪肚鸡拉面"；11月9日与美食综艺《完美的餐厅》联名推出"双11"十年定制礼盒。后续还有与米客米酒、泸州老窖、D5小队、999感冒灵、KAKAO FRIENDS等跨界联名，覆盖人群持续扩大。

（4）百度指数。2019年11月6日是百度指数收录拉面说的第一天。第一次波峰出现在五天后——"双11"；第二次波峰出现在12月9号——李佳琦直播间卖拉面说；第三次波峰出现在2020年1月14日——那天起拉面说暂不发货。

从创业初期的三个人小团队，到2019年销售额2.5个亿元，对于拉面说的发展历程，姚启迪说："17年内容营销，18年社交电商，19年直播，我们每一步都踩到点上了。"

城外圈的品牌营销裂变传播秘籍

城外圈是什么品牌？城外圈是一家专门为自媒体营销做服务的第三方公司。

移动互联网时代，个体意识转变下用户多元化的需求得到释放，消费观念也迎来多层次升级，这一切也正在变革我们的营销环境。在涉及用户衣食住行等各方面的短视频平台，正在成为品牌营销的主要阵地。短视频营销价值日益凸显，推动了品牌传播逐渐向内容化、多元化、创意化趋势靠拢。顺应营销新动向，城外圈企业便通过差异化的服务，在战略上持续升级，助力企业持续释放短视频营销影响力。

也许你会说，一个小小的中间服务公司，如何能够成为一个大品牌？实际上，城外圈从一开始的定位就不凡，它力求做最专业、最精准的短视频营销。在这种促动下，城外圈成功地成为短视频营销中的佼佼者。

1.创新短视频内容营销，构建营销新生态

尽管营销环境不断更新迭代，但当下短视频营销的核心仍然是具备社交属性的内容。城外圈基于品牌需求，从短视频内容生产、短视频KOL内容分发、短视频用户消费引导三方面，构建新的短视频营销生态，推动品牌营销价值的最大化。

2019年，城外圈进行了一次系统化的营销升级，内容创变是品牌裂变的主题，不断更新短视频营销时代的创新玩法。至今已有无数成功短视频营销经验的城外圈营销推广负责人表示，如何能够在低预算的情况下提升品牌的持续曝光，实现用户和销售的增长是当下品牌短视频营销的关注重点。

作为优质原生短视频内容创新孵化聚合地，城外圈拥有由短视频明星、短视频KOL、头部自媒体、MCN机构、企业等优质内容生产者组成的庞大短视频内容生态，通过图文、短视频、直播等丰富的媒体形式，展现优质内容，促进品牌宣传的发酵传播。超过25个垂直兴趣领域，与多领域超级IP的深度合作，城外圈成熟的短视频营销系统可以满足不同圈层的兴趣需求。

因此，城外圈成功实现了集生产、传播、消费于一体，助力品牌优质短视频内容持续产出，帮助品牌实现在不同层级市场的快速纵深、快速占领，达到迅速增长目的。

比如，基于算法驱动和关系驱动这两项当下的内容分发趋势，城外圈以大数据信息抓取技术通过热门关注、兴趣搜索等信息流，将用户兴趣和关注关系为核心精准地进行自然分发。同时丰富的城外圈商业产品矩阵，能够让品牌主获得海量曝光，引爆用户关注热点，促进销售转化，让营销信息能够更多维、更高效地传播。

凭借这种创新内容营销，城外圈获得了大量企业的青睐和认可，甚至拥有了一大批固定的客户资源和品牌渠道，为后续进一步品牌裂变奠定了坚实基础。

2.多方调控，确保短视频营销效果

城外圈之所以在品牌裂变方面获得极大的认可，在于企业对服务的精良制作和精诚的态度。最重要的一个体现在于城外圈在短视频营销方面会联合红人KOL多方调控响应确保短视频营销效果。

城外圈策划每一个品牌的短视频营销方案时，都致力于为用户提供最适合品牌属性、关联性较强的短视频KOL资源。在平台本身多年积累的海量自媒体数据下，通过层层筛选，智能检索技术，KOL重合度分析，内容场景自

动化识别，依靠精准的粉丝画像分析为广告主优选传播效果佳的资源渠道，用数据赋能的技术加持，可以说，这种科学专业的做法也将会成为城外圈未来对品牌营销的一大长久走向。

此外，综合每一场短视频营销方案的反馈数据，城外圈发现短视频营销案例的效果除了智能选择短视频KOL之外，更重要的是资源的执行响应速度及KOL的配合度。在这一点上，城外圈在每一个用户服务的过程中都力求做到完美化。基于短视频智能营销平台对自媒体资源数据的全面智能把控，对资源调动周转有着较强的权衡，以预防KOL无法参与的特殊情况，保证传播的快速执行。

总之，在短视频营销方面，城外圈将品牌人格化、品牌传播内容互动化、品牌有效结合，而这一套组合拳经过城外圈无数次品牌营销执行实例证实，可以有效地降低企业传播成本，从消费者层面降低了企业的经营成本，不需要花更多钱去赢得消费者的关注，消费者会自发地进行转发、传播，能高效地提高企业的销售额与利润。因此，城外圈品牌会越来越响亮。

美特斯邦威通过品牌裂变助力产业升级

提起美特斯邦威，多数人还停留在高中时代的本土化服装品牌。的确，它不属于高端品牌，是一个具有清新气质的小众服装品牌。但在如今白热化的市场竞争时代，美特斯邦威却能够逆袭潮流，从一个本土公司，走向更大的舞台，品牌也逐渐走出单一的青春化领域，成为一个全新的年轻时尚品牌。到底本土品牌拥有什么样的能力，实现"百店开业、千店庆典"这样里程碑式的成就？

1.品牌升级撬动渠道升级

美特斯邦威为了在品牌升级上走出新路子，打开了渠道升级的窗口，迎接各大优质购物中心的合作。借着这股东风，美特斯邦威开始了渠道升级和改革的措施。

比如，逐步淘汰低效门店、转而开大面积全风格店，紧锣密鼓地推动渠道升级策略。经历近年来线上消费跳跃式发展的冲击，品牌对线下体验消费依然充满信心。创始人周成建认为，过去几年互联网商业的跃进是享受了价格敏感性的红利时代，现在这个时代已经结束了，围绕价格的竞争是不可持续的，未来的竞争将围绕品牌、创意和线下体验展开。

面对一个商品过剩、品牌过剩、渠道过剩的时代，品牌需要怎么走呢？

为了加强线下店铺的识别度，美特斯邦威另辟蹊径裂变为五大生活方式品牌，从而能够针对不同细分渠道针对性地组合店铺场景，打破传统服装品牌单一的风格体验，使品牌竞争力不再局限于单一的渠道类型。

2.注重零售体验，打造智能终端

与此同时，美特斯邦威还致力于利用智慧零售、人工智能等前沿工具，在终端打造出丰富而精准的零售体验，使品牌与消费者之间的沟通更加直接精准、店铺体验更加完美、供应链更加高效敏捷。

事实上，在每个品牌上美特斯邦威都有不同的策略定位，五大品牌不同的组合方式既可以适应不同购物中心的需求，也可以适应同类购物中心在不同楼层、不同商业小环境打造的商业氛围，对正在致力于构建差异性和识别度的中国购物中心渠道，无疑是很有吸引力的合作选择。

在2017年10月，美特斯邦威集团与万达、印力、新城、宝龙等优质购物中心系统达成战略合作。这些方式都让美特斯邦威的品牌知名度进一步提升，尤其是2017年下半年之后，美特斯邦威新店的开业活动更加频繁，可以说是"目不暇接"。

随着购物中心如雨后春笋般崛起，美特斯邦威的全新形象店铺也在全国遍地开花，品牌与新生代消费者的互动触及面变得更加广泛。

如此一来，美特斯邦威既在线上有智能零售方式，又在新兴购物渠道上有变革，还在传统商圈努力突破，实现了360度触及消费者，与消费者互动沟通。因此，这些升级和变化给美特斯邦威带来了品牌裂变的崭新发展机会。

3.强大的组织优势为品牌裂变奠定了基础

美特斯邦威不仅在渠道、零售终端、体验等方面做出了革新和升级，在内部的组织上也是非常注重。公司付出巨额投入，建设了覆盖全国各省的30多个分公司，这是一个由数万人团队、数千管理者构成的庞大组织。

强大的组织触角使得美特斯邦威可以更好地运用智慧零售的数字化工具，指导门店在各级别城市、各区域市场、各类渠道业态中的零售运营，从而在全渠道覆盖的基础上更精准地服务终端和消费者。

基于智慧零售的运用和强大的零售组织，美特斯邦威坚信自己在国际年轻化的快时尚品牌方面更具竞争力。

基于这些组织的基础，美特斯邦威迎来了一波又一波的开店潮，销售业绩也是频频捷报。所以，品牌的裂变离不开企业内部组织的创新、升级和变革。